COLEÇÃO
PENSADORES & EDUCAÇÃO

Deleuze & a Educação

Sílvio Gallo

Deleuze & a Educação

3ª edição
2ª reimpressão

autêntica

Copyright © 2003 Sílvio Gallo
Copyright © 2003 Autêntica Editora

Todos os direitos reservados pela Autêntica Editora. Nenhuma parte desta publicação poderá ser reproduzida, seja por meios mecânicos, eletrônicos, seja via cópia xerográfica sem a autorização prévia da editora.

EDITORA RESPONSÁVEL
Rejane Dias

EDITORA ASSISTENTE
Cecília Martins

COORDENADOR DA COLEÇÃO
PENSADORES & EDUCAÇÃO
Alfredo Veiga-Neto

CONSELHO EDITORIAL
Alfredo Veiga-Neto – *ULBRA/UFRGS,* Carlos Ernesto Noguera – Univ. Pedagógica Nacional de Colombia, Edla Eggert – *UNISINOS,* Jorge Ramos do Ó – *Universidade de Lisboa,* Júlio Groppa Aquino – *USP,* Luís Henrique Sommer – *ULBRA,* Margareth Rago – *UNICAMP,* Rosa Bueno Fischer – *UFRGS,* Sílvio D. Gallo – *UNICAMP*

REVISÃO
Ana Elisa Ribeiro

DIAGRAMAÇÃO
Waldênia Alvarenga
Tales Leon de Marco

Gallo, Silvio
G172d   Deleuze & a Educação / Sílvio Gallo . – 3. ed.; 2. reimp. – Belo Horizonte : Autêntica Editora, 2017.

104 p. – (Pensadores & a educação)

ISBN 978-85-7526-100-2

1.Filosofia. I.Educação. I.Título. II.Série.

CDU 1
37

Belo Horizonte
Rua Carlos Turner, 420
Silveira . 31140-520
Belo Horizonte . MG
Tel.: (55 31) 3465 4500

São Paulo
Av. Paulista, 2.073, Conjunto Nacional, Horsa I
23º andar . Conj. 2310-2312 Cerqueira César
01311-940 São Paulo . SP
Tel.: (55 11) 3034 4468

www.grupoautentica.com.br

> Escrever é um caso de devir, sempre inacabado,
> sempre em via de fazer-se, e que
> extravasa qualquer matéria vivível ou vivida.
>
> GILLES DELEUZE, A Literatura e a Vida, in: *Crítica e clínica*

Sumário

Introdução — 9

Gilles Deleuze: uma vida — 13

Deleuze e a Filosofia — 23
- A filosofia francesa contemporânea: um mapa em rascunho — 23
- Deleuze, filósofo da multiplicidade — 29
- Rasgar o caos: a filosofia como criação de conceitos — 34

Deslocamentos. Deleuze e a Educação — 53
- Deslocamento 1. A Filosofia da Educação como criação conceitual — 54
- Deslocamento 2. Uma "educação menor" — 59
- Deslocamento 3. Rizoma e Educação — 70
- Deslocamento 4. Educação e Controle — 81

Bibliografia — 93

Sites de interesse — 95

O autor — 97

Introdução

Este livro pretende ser uma introdução didática à obra do filósofo francês contemporâneo Gilles Deleuze, assim como oferecer uma exploração inicial de questões tratadas por ele que podem fazer interface com temáticas da educação.

Que faz um texto sobre Deleuze, filósofo e professor que nunca escreveu sobre educação, numa coleção dedicada a explorar temas emergentes em educação e autores importantes para o cenário pedagógico contemporâneo? Parece-me que não apenas aqueles que se puseram a pensar e a escrever sobre educação têm algo a dizer aos educadores; ousadamente, diria que talvez aqueles que não explicitamente se debruçaram sobre a problemática educacional tenham mais a dizer aos educadores do que podemos imaginar. A razão disso? O inusitado. O imprevisto. O diferente. O que as ideias, os conceitos, as posições deste autor que, não tendo se colocado diretamente as questões com as quais lidamos, podem nos fazer pensar a partir de nossos próprios problemas.

Deleuze e educação. Para alguém que pensou, desde a tradição filosófica, as questões emergentes do século XX, buscando construir uma filosofia imanente, um pensamento do acontecimento, o campo educacional não pode ser visto como estranho. Na vasta produção deste filósofo, muitas podem ser as veredas a serem exploradas. Fiz minhas escolhas e as trago ao leitor. E essas escolhas foram marcadas pelos meus problemas, pelo meu olhar, pelos múltiplos encontros que fui tendo com Deleuze e sua obra, nos últimos 20 anos. Certamente, se fosse outro a escrever este pequeno livro, as veredas escolhidas teriam sido outras.

Preocupo-me com a produção de Deleuze desde os meus tempos de estudante, na graduação em filosofia. Meu primeiro encontro com ele foi por meio de uma obra que escreveu com Félix Guattari, *O Anti-Édipo*. Minha preocupação então era com uma visão libertária do desejo, com uma análise psicanalítica da sociedade. Mas essa obra me ajudou a desconstruir a psicanálise, a abandoná-la, a ficar com o desejo e a liberdade. Li, depois, a obra que ambos escreveram sobre Kafka, na qual aparece a noção de literatura menor, que explorarei aqui e, em seguida, outra obra que fizeram em conjunto, uma continuação a *O Anti-Édipo*, intitulada *Mil Platôs*. Ali aparecia, entre muitos outros, o conceito de rizoma, que também será explorado aqui. Tudo isso aconteceu ainda nos anos 1980; no final daquela década e no início dos noventa, eu acabaria lendo muito mais Guattari, sem me ocupar da obra "solo" de Deleuze.

Mas em 1991 eles lançaram sua última obra: *O que é a filosofia?*. Por meio dela, que passei a trabalhar (tanto no estudo da filosofia quanto em seu ensino), fui cada vez mais me aproximando da obra filosófica que Deleuze produziu sem a contribuição de Guattari. A partir de então venho lendo Deleuze, em sua produção "solo", e também relendo sua produção com Guattari, e pensando as implicações de certos conceitos seus para o campo educacional.

Vali-me, para a composição deste texto, de artigos e fragmentos de artigos já escritos. Usei e abusei daquilo que uma amiga certa vez chamou de "autoplágio". Mas senti-me reconfortado pelo próprio Deleuze, para quem a criação de conceitos é, também, um ato de roubar conceitos de outros; segundo ele, o roubo é criativo, pois sempre transformamos aquilo de que nos apropriamos. Ora, por que não roubar de si mesmo, então? Só espero que o roubo tenha sido, efetivamente, criativo e que possa motivar criações outras. Entraram, pois, na composição do livro, artigos que escrevi sobre o conceito de rizoma e suas implicações na educação, um ou dois artigos sobre o tema da educação menor, a partir da noção de literatura menor, além de um exercício de pensar a filosofia da educação como criação conceitual.

Na rápida introdução que fez para um conjunto de artigos e entrevistas que foram publicados com o título de *Conversações*, Deleuze escreveu que:

> Certas conversações duram tanto tempo, que já não sabemos mais se ainda fazem parte da guerra ao já da paz. É verdade que a filosofia é inseparável de uma cólera contra a época, mas também de uma serenidade que ela nos assegura [...] Como as potências não se contentam em ser exteriores, mas também passam por cada um de nós, é cada um de nós que, graças à filosofia, encontra-se incessantemente em conversações e em guerrilha consigo mesmo.[1]

Minha pretensão com este livro – certamente não pequena – é a de promover no leitor, educador, ou ao menos alguém preocupado com questões educacionais, essas conversações e guerrilhas consigo mesmo, por meio das provocações postas por Deleuze. Não se trata, portanto, de enunciar aqui as últimas verdades sobre a educação, mas sim de trazer conceitos e provocações que nos permitam, de novo, pensar a educação, desalojando-nos de nossas falsas certezas.

Por fim, quero agradecer o convite de Alfredo Veiga-Neto, idealizador e coordenador desta coleção, pelo convite-desafio para mais esta aventura de escrita, e pela paciência na espera...

---

[1] DELEUZE, Gilles. *Conversações*. Rio de Janeiro: Ed. 34, 1992.

GILLES DELEUZE: UMA VIDA

O que é a imanência? uma vida... Ninguém melhor que Dickens narrou o que é *uma* vida, ao considerar o artigo indefinido como índice do transcendental. Um canalha, um mal sujeito, desprezado por todos, está para morrer e eis que aqueles que cuidam dele manifestam uma espécie de solicitude, de respeito, de amor, pelo menor sinal de vida do moribundo [...] Uma vida não contém nada mais do que virtuais. Ela é feita de virtualidades, acontecimentos, singularidades.[1]

Deleuze escreveu essas frases naquele que é considerado o último texto escrito por ele. Apareceu na Revista *Philosophie*, publicada pelas Éditions de Minuit, uma das editoras com as quais ele colaborou, em seu número 47, datado de 1º de setembro de 1995. Em novembro desse mesmo ano ele estaria morto. O acontecimento Gilles Deleuze veio ao mundo em Paris, 70 anos antes, mais precisamente no dia 18 de janeiro de 1925, filho mais moço de um engenheiro. Que virtualidades, que singularidades estariam presentes nessa vida?

Deleuze fez seus estudos médios no Liceu Carnot, em Paris, e após sua conclusão matriculou-se na Sorbonne, para estudar filosofia. Nessa instituição, assistiu aos cursos de professores renomados, como Jean Hippolyte, Ferdinand Alquié e Maurice de Gandillac, por exemplo. Seu ingresso na Sorbonne deu-se em 1944 e, em 1947, obtinha o diploma de estudos avançados sobre

---
[1] Gilles Deleuze. L'Immanence: une vie... *Philosophie*, n. 47. Paris: Les Éditions de Minuit, 1º de setembro de 1995, p. 5-6. Cito aqui na tradução de Tomaz Tadeu, Revista *Educação & Realidade*, n. 27/2.

Hume, que desenvolveu sob a orientação de Jean Hippolyte e Georges Canguilhem. Deleuze apresentará sua tese de doutorado tardiamente, em 1968, quando já era um professor experiente e reconhecido, com vários livros publicados. Na universidade francesa, são apresentadas duas teses, a principal e a complementar; a tese principal de Deleuze foi intitulada *Diferença e Repetição*, enquanto que a complementar foi *Spinoza e o problema da expressão*. A primeira foi orientada por Maurice de Gandillac; a segunda, por Ferdinand Alquié. Nas entrevistas de *O Abecedário de Gilles Deleuze* o filósofo narra, bem-humorado, o episódio de sua defesa de tese na Sorbonne: foi a primeira sessão de defesa de tese após as manifestações de maio de 68 e estavam todos muito assustados, a banca mais preocupada em observar se não havia manifestantes por perto, que poderiam violentamente interromper a sessão, do que interessada na própria apresentação do candidato. De toda forma, Deleuze foi, evidentemente, aprovado e ambas as teses seriam publicadas em seguida como livros, ainda nesse ano de 1968.

Já em 1948, logo após concluir a graduação, prestou a *agrégation*, concurso público para ingresso no magistério, na área de Filosofia. Entre 1948 e 1957 foi professor de Filosofia na educação média francesa, em princípio nos Liceus de Amiens e de Orléans, transferindo-se, finalmente, para Paris, onde trabalhou no Liceu Louis-le-Grand. Em 1957 ingressou na carreira universitária, sendo que até 1969 exerceu diversos cargos: assistente, na Sorbonne, em História da Filosofia (1957-1960); pesquisador (entre 1960-1964), no Centro Nacional de Pesquisa Científica (o famoso CNRS, na sigla em francês); encarregado de ensino, na faculdade de Lyon (entre 1964 e 1969).

Em 1969, foi nomeado, por indicação de Michel Foucault, professor na recém-criada Universidade de Paris VIII – Vincennes, onde permaneceria até sua aposentadoria, em 1987. A experiência de Vincennes foi *sui generis*: fruto da reforma universitária empreendida pelo governo francês após as agitações do "maio de 68", na qual as universidades passam a ser regidas pelos princípios de autonomia, pluridisciplinaridade e participação dos usuários,

Vincennes é o primeiro "Centro Experimental" criado, justamente com o objetivo de promover novas perspectivas de produção e ensino acadêmicos. Por indicação de Georges Canguilhem, a direção do Departamento de Filosofia é entregue a Foucault, que fica encarregado de contratar os professores. O primeiro a ser solicitado é Deleuze; porém, devido a estar bastante doente, só poderá atender ao chamado dois anos depois, quando Foucault já terá deixado Vincennes, para assumir sua cátedra no Collège de France. Dentre os contratados por Foucault e com os quais Deleuze trabalharia, podemos citar: François Châtelet, Jacques Rancière, Alain Badiou, entre outros.

O Centro Experimental de Vincennes será determinante na experiência docente de Deleuze e também na construção de seu pensamento transversal. Sobre essa experiência, escreveu ele:

> Em Vincennes, a situação é diferente. Um professor, digamos, de filosofia, fala de um público que inclui, com diferentes níveis de conhecimento, matemáticos, músicos (de formação clássica ou da *pop music*), psicólogos, historiadores, etc. Ora, em vez de "colocar entre parênteses" essas outras disciplinas para chegar mais facilmente àquela que pretendemos lhes ensinar, os ouvintes, ao contrário, esperam da Filosofia, por exemplo, alguma coisa que lhes servirá pessoalmente ou que tenha alguma intersecção com suas atividades. A Filosofia lhes interessará, não em função de um grau de conhecimento que eles possuiriam nesse tipo de saber, mesmo quando se trata de um grau zero de iniciação, mas em função direta de sua preocupação, ou seja, das outras matérias ou materiais dos quais eles têm já um certo domínio. É, pois, por conta própria que os ouvintes vêm buscar alguma coisa num curso. O ensino da filosofia orienta-se, assim, diretamente, pela questão de saber em quê a filosofia pode servir a matemáticos, ou a músicos, etc. – mesmo, e sobretudo, quando ela não fala de música ou de matemática [...].
>
> A presença de numerosos trabalhadores e de um grande número de estrangeiros, confirma e reforça essa situação [...]. Atualmente, esse método está ligado, na verdade, a uma situação específica de Vincennes, a uma história de Vincennes, mas que ninguém poderá suprimir sem fazer desaparecer também uma das principais tentativas de renovação pedagógica na França.

O que nos ameaça é uma espécie de lobotomia do ensino, uma espécie de lobotomia dos docentes e dos discentes, à qual Vincennes opõe uma capacidade de resistência.[2]

Deleuze nunca foi um homem da mídia, um filósofo da mídia, à moda de um Sartre ou de um Foucault. De espírito retraído, nunca gostou de viajar, de estar em congressos, de dar entrevistas. Mas foi um grande professor, em Vincennes e anteriormente a ela, como mostra seu público, sempre numeroso e diverso. Ao *Magazine Littéraire* certa vez definiu seus "sinais particulares": "viaja pouco, jamais aderiu ao Partido Comunista, jamais foi fenomenólogo nem heideggeriano, não renunciou a Marx, não repudiou Maio de 68."[3] Numa entrevista a Raymond Bellour e François Ewald, em 1988, instado a falar sobre sua vida, afirmou o seguinte:

> As vidas dos professores raramente são interessantes. Claro, há as viagens, mas os professores pagam suas viagens com palavras, experiências, colóquios, mesas-redondas, falar, sempre falar. Os intelectuais têm uma cultura formidável, eles têm opinião sobre tudo. Eu não sou um intelectual, porque não tenho cultura disponível, nenhuma reserva. O que sei, eu o sei apenas para as necessidades de um trabalho atual, e se volto ao tema vários anos depois, preciso reaprender tudo. É muito agradável não ter opinião nem ideia sobre tal ou qual assunto. Não sofremos de falta de comunicação, mas ao contrário, sofremos com todas as forças que nos obrigam a nos exprimir quando não temos grande coisa a dizer. Viajar é ir dizer alguma coisa em outro lugar, e voltar para dizer alguma coisa aqui. A menos que não se volte, que se permaneça por lá. Por isso sou pouco inclinado às viagens; é preciso não se mexer demais para não espantar os devires.[4]

Adiante, na mesma entrevista, Deleuze fala de sua experiência como professor:

> As aulas foram uma parte da minha vida, eu as dei com paixão. Não são de modo algum como as conferências, porque implicam uma longa duração, e um público relativamente constante, às

---

[2] Gilles Deleuze. Em quê a filosofia pode servir a matemáticos, ou mesmo a músicos...*Educação & Realidade*, jul/dez. de 2002, v. 27, n. 2, p. 225-226.

[3] *Magazine Littéraire*, n. 406, févier 2002, *L'effet Deleuze – philosophie, esthétique, politique*, p. 20.

[4] Gilles Deleuze, *Conversações*. Rio de Janeiro: Ed. 34, 1992, p. 171-172.

vezes durante vários anos. É como um laboratório de pesquisas: dá-se um curso sobre aquilo que se busca e não sobre o que se sabe. É preciso muito tempo de preparação para obter alguns minutos de inspiração. Fiquei satisfeito em parar quando vi que precisava preparar mais e mais para ter uma inspiração mais dolorosa [...] Um curso é uma espécie de *Sprechgesang* [canto falado], mais próximo da música que do teatro. Nada se opõe, em princípio, a que um curso seja um pouco até como um concerto de rock.[5]

Encontros. Os encontros foram virtualidades importantes na imanência Deleuze, que geraram agenciamentos e intercessores. No plano da "vida privada", podemos citar seu encontro com Denise Paule Grandjouan (conhecida depois por Fanny Deleuze), com quem se casou em 1956 e com quem teve dois filhos. Fanny foi também companheira de militância de Gilles, estando junto dele quando das atividades com o Grupo de Informação sobre as Prisões (GIP), criado por Foucault em 1971.

No plano da divulgação de sua obra, foi importante o encontro com a jornalista Claire Parnet. Com ela escreveu *Diálogos*, em 1977, considerada uma boa introdução a seu pensamento. Em 1991, Parnet concebeu e produziu uma série de entrevistas com Deleuze, já bastante debilitado pela doença, cujo fio condutor são as letras do alfabeto. Para cada uma delas Parnet escolheu uma palavra significativa na vida/obra de Deleuze e sobre a qual ele discorreu livremente, de forma mais breve ou demorada, dependendo do caso. Avesso à mídia, o acordo foi que a entrevista só viria a público após sua morte. É hoje um importante documento vivo sobre o homem-Deleuze, o filósofo-Deleuze.[6]

No plano filosófico, dois encontros foram determinantes. Em 1962, encontrou-se com Michel Foucault em Clermont-Ferrand, encontro promovido por Jules Vuillemin. A amizade com Foucault começa por uma afinidade filosófica: o interesse por Nietzsche; os dois seriam os responsáveis pela edição crítica

---

[5] Gilles Deleuze. *Conversações*. Rio de Janeiro: Ed. 34, 1992, p. 173-174.
[6] *L'Abécédaire de Gilles Deleuze* está disponível em vídeo no mercado francês. No Brasil, uma versão legendada em português é veiculada pela TV Escola, do MEC, na série Ensino Fundamental.

das obras completas do filósofo alemão em francês, entre 1966 e 1967. Essa amizade filosófica manifesta-se numa série de artigos: Foucault comenta Deleuze; Deleuze comenta Foucault. Em 1970, Foucault escreveu o artigo "Theatrum Philosophicum", publicado na importante revista *Critique*, no qual comenta longamente dois livros de Deleuze, recém-lançados: *Diferença e repetição* e *Lógica do sentido*, e lança uma frase que se tornaria famosa: "um dia, talvez, o século será deleuziano". A amizade se estende pelas opções políticas de esquerda e, sobretudo pelo ativismo: Deleuze militou com Foucault junto ao GIP: Grupo de Informação sobre as Prisões, no início dos anos 1970. Mas é também a política que os afasta: divergências de concepções políticas e de militância, que se agravam no final de 1977, fazem com que os dois simplesmente nunca mais voltem a se encontrar.[7] Não obstante, após a morte de Foucault, em 1984, Deleuze lança um belo livro dedicado à filosofia do amigo. O curioso nesse encontro filosófico, é que Deleuze e Foucault nunca escreveram nada juntos: suas obras tangenciam-se nos interesses e nas perspectivas, mas em termos de produção teórica a única coisa que fizeram juntos foi darem entrevistas, como aquela famosa sobre Os Intelectuais e o poder, de 1972.[8]

Em 1969 acontece o encontro filosófico mais importante de Deleuze: aquele que se deu com Félix Guattari. Deleuze, após uma série de estudos em História da Filosofia, produzindo obras sobre Hume, Spinoza, Nietzsche, Kant, Bergson, acabava de produzir duas obras monumentais, nas quais lançava-se à aventura de um pensamento sem redes de segurança nem botes salva-vidas: *Diferença e Repetição* e *Lógica do Sentido*. Guattari, por sua vez, havia abandonado a psicanálise estruturalista de Lacan

---

[7] Sobre a amizade Deleuze-Foucault e seu afastamento, ver a biografia de Foucault escrita por Didier Eribon: *Michel Foucault – uma biografia*. São Paulo: Cia. das Letras, 1990.

[8] A entrevista de Foucault e Deleuze sobre os intelectuais e a política pode ser encontrada em português em duas fontes: na coletânea de textos de Foucault organizada por Roberto Machado, com o título *Microfísica do poder*, publicada pela editora Graal; ou no vol. IV dos *Ditos e escritos*, de Michel Foucault, edição brasileira pela Forense Universitária, sob a direção de Manoel Barros da Mota.

e o modelo revolucionário leninista, interessando-se pelos investimentos revolucionários do desejo na vida cotidiana, e estava desenvolvendo a psicoterapia institucional na clínica *La borde*, com Jean Oury. Juntos, produziram os dois magistrais volumes de *Capitalismo e esquizofrenia*: *O Anti-Édipo*, em 1972, e *Mil Platôs*, em 1980, além do volume sobre a literatura de Kafka, em 1975, *Kafka: por uma literatura menor*, e da última grande obra dos dois e de cada um deles: *O que é a Filosofia?* (1991). Com Félix Guattari, Deleuze desenvolveu um *estilo* de produzir filosofia.

Numa entrevista de 1985, assim Deleuze pronunciou-se sobre sua parceria com Guattari:

> O essencial são os intercessores. A criação são os intercessores. Sem eles não há obra. Podem ser pessoas – para um filósofo, artistas ou cientistas; para um cientista, filósofos ou artistas – mas também coisas, plantas, até animais, como em Castañeda. Fictícios ou reais, animados ou inanimados, é preciso fabricar seus próprios intercessores. É uma série. Se não formamos uma série, mesmo que completamente imaginária, estamos perdidos. Eu preciso de meus intercessores para me exprimir, e eles jamais se exprimiriam sem mim: sempre se trabalha em vários, mesmo quando isso não se vê. E mais ainda quando é visível: Félix Guattari e eu somos intercessores um do outro.[9]

Deleuze foi perdendo seus intercessores. Em 1984, morreu Foucault. Em 1992, morreu Guattari, logo depois que haviam publicado *O que é a Filosofia?*. Sua doença se agravou: sofria de uma insuficiência pulmonar que lhe tirava as possibilidades de uma vida ativa. Aos poucos, viu-se obrigado a abandonar todas as suas relações sociais e, por fim, inclusive suas atividades de escrita. Sentindo suas virtualidades e suas forças esvaídas, Deleuze pôs fim à própria vida: jogou-se da janela de seu apartamento em Paris, em 04 de novembro de 1995.

A obra de Deleuze constitui-se dos seguintes livros (citados no original francês com as respectivas traduções para o português):

---

[9] Gilles Deleuze. *Conversações*. Rio de Janeiro: Ed. 34, 1992, p. 156.

- *David Hume, sa vie, son oeuvre, avec un exposé de sa philosophie* (com André Cresson). Paris: PUF, 1952.
- *Empirisme et subjectivité*. Paris: PUF, 1953 (*Empirismo e subjetividade*. São Paulo: Ed. 34, 2001).
- *Instincts et instituitions* (organização, prefácio e apresentação). Paris: Hachette, 1955 ("Instintos e Instituições" in: Carlos Henrique Escobar (Org.), *Dossier Deleuze*. Rio de Janeiro: Hólon, 1991).
- *Nietzsche et la philosophie*. Paris: PUF, 1962 (*Nietzsche e a filosofia*. Rio de Janeiro: Rio, 1976).
- *La philosophie critique de Kant*. Paris: PUF, 1963 (*Para ler Kant*. Rio de Janeiro: Francisco Alves, 1976).
- *Proust et les signes*. Paris: PUF, 1964 (*Proust e os signos*. Rio de Janeiro: Forense Universitária, 1987).
- *Nietzsche*. Paris: PUF, 1965 (*Nietzsche*. Lisboa: Ed. 70, 1990).
- *Le Bergsonisme*. Paris: PUF, 1966 (*O Bergsonismo*. São Paulo: Ed. 34, 1999).
- *Présentation de Sacher-Masoch*. Paris: PUF, 1967 (*Apresentação de Sacher-Masoch*. Rio de Janeiro: Taurus, 1983).
- *Différence et répétition*. Paris: PUF, 1968 (*Diferença e repetição*. 2. ed. Rio de Janeiro: Graal, 2006; Lisboa: Relógio D'Água, 2000).
- *Spinoza et le problème de l'expression*. Paris: Minuit, 1968.
- *Logique du sens*. Paris: Minuit, 1969 (*Lógica do Sentido*. São Paulo: Perspectiva, 1982).
- *Spinoza*. Paris: PUF, 1970.
- *L'Anti-Oedipe* (com Félix Guattari). Paris: Minuit, 1972 (*O Anti-Édipo*. Rio de Janeiro: Imago, 1976).
- *Kafka: pour une littérature mineure* (com Félix Guattari). Paris: Minuit, 1975 (*Kafka: por uma literatura menor*. Rio de Janeiro: Imago, 1977).
- *Rhizome* (com Félix Guattari). Paris: Minuit, 1976 (incluído depois em *Mille Plateaux*).
- *Dialogues* (com Claire Parnet). Paris: Flammarion, 1977 (*Diálogos*. São Paulo: Escuta, 1998).
- *Superpositions* (com Carmelo Bene). Paris: Minuit, 1979.

- *Mille Plateaux* (com Félix Guattari). Paris: Minuit, 1980 (*Mil Platôs*. São Paulo: Ed. 34, 1995-97, 5 vols.).
- *Spinoza, philosophie pratique*. Paris: Minuit, 1981 (*Espinosa, filosofia prática*. São Paulo: Escuta, 2002).
- *Francis Bacon, logique de la sensation*. Paris: Éditions de la Différence, 1981, 2 vols.(*Francis Bacon, lógica da sensação*. Rio de Janeiro: Jorge Zahar Editor, 2007)
- *Cinéma 1: l'image-mouvement*. Paris: Munuit, 1983 (*Cinema 1: a imagem-movimento*. São Paulo: Brasiliense, 1990).
- *Cinema 2: l'image-temps*. Paris: Minuit, 1985 (*Cinema 2: a imagem-tempo*. São Paulo: Brasiliense, 1990).
- *Foucault*. Paris: Minuit, 1986 (*Foucault*. São Paulo: Brasiliense, 1988).
- *Le pli: Leibniz et le baroque*. Paris: Minuit, 1988 (*A dobra: Leibniz e o barroco*. Campinas: Papirus, 1991).
- *Périclès et Verdi*. Paris: Minuit, 1988 (*Péricles e Verdi*. Rio de Janeiro: Pazulin, 1999).
- *Pourparlers*. Paris: Minuit, 1990 (*Conversações*. Rio de Janeiro: Ed. 34, 1992).
- *Qu'est-ce que la philosophie?* (com Félix Guattari). Paris: Minuit, 1991 (*O que é a filosofia?* Rio de Janeiro: Ed. 34, 1992).
- *L'épuisé* (in: Samuel Beckett, *Quad*). Paris: Minuit, 1992.
- *Critique et clinique*. Paris: Minuit, 1993 (*Crítica e clínica*. São Paulo: Ed. 34, 1997).
- *L'oiseau philosophie* (Duhême dessine Deleuze). Paris: Seuil, 1997.
- *L'île deserte et autres textes (textes et entretiens 1953-1974)*. Édition préparée par David Lapoujade. Paris: Minuit, 2002. (*A Ilha Deserta*. São Paulo : Iluminuras, 2006).
- *Deux Régimes de Fous (textes et entretiens 1975-1995)*.
  Édition préparée par David Lapoujade. Paris: Minuit, 2003.

Deleuze e a Filosofia

A filosofia francesa contemporânea: um mapa em rascunho

Diferentemente das tradições filosóficas europeias, a filosofia francesa sempre foi muito marcada pela história da filosofia, notadamente aquela produzida nos meios acadêmicos. Enquanto na Grã-Bretanha, por exemplo, se incursionava pela filosofia analítica influenciada pelos positivistas lógicos de Viena, de um lado, e por Wittgenstein, de outro, por muito tempo, produzir filosofia foi identificado na França com fazer história da filosofia, e isso marcou a atividade dos filósofos franceses de forma indelével. Mas mesmo esse fazer história da filosofia jamais foi unívoco; são famosas as querelas entre as diferentes tendências no estudo da história da filosofia, as propostas de diferentes abordagens que, necessariamente, redundavam em diferentes histórias de diferentes filosofias. Éric Alliez, no relatório que produziu sobre a filosofia contemporânea francesa, a pedido da Direção Geral das Relações Culturais Científicas e Técnicas do Ministério de Assuntos Estrangeiros da França, demarca bem essa discussão:

> Admitamos que essa leitura não leva a temer o que se poderá qualificar de "invasão" da filosofia francesa pela história da filosofia – uma história da filosofia que certamente não é mais "a francesa" no sentido do Pós-Guerra, com sua guerra de trincheiras entre "estruturalistas" (Guéroult), "humanistas" (Gouhier) e "existencialistas" (Alquié), sua querela interminável do racionalismo (e conforme se partia de Descartes, de Hegel ou de Husserl) e suas falsas batalhas de torpedeadores e de

contratorpedeadores denunciadas não sem justeza por Beaufret -, como se fosse este o efeito ou o contragolpe do esgotamento de um filão mais criador: aquele dos pensadores que tinham sabido ajustar-se o fora da filosofia universitária, das ciências contemporâneas à história dos dispositivos e das instituições, sem omitir o domínio literário no qual a influência de Blanchot foi preponderante.[1]

Mas Alliez, no trecho citado, já aponta também que essa visão "historicista" da filosofia parece superada, nas últimas décadas. Mesmo antes disso, porém, duas nítidas linhas insinuavam-se na constituição do pensamento com sotaque francês do século XX: de um lado, a filosofia da vida na produção de Bergson e, de outro, uma filosofia que, voltada para o mundo da vida, queria transcendê-lo, encontrando a originalidade dos conceitos, a partir da produção metodológica de Husserl. Boa parte da filosofia francesa daquele século foi marcada pela fenomenologia. A descoberta do método proposto por Husserl, muitas vezes por meio de Heidegger, balançou os jovens estudantes de filosofia franceses, que tentavam fugir de uma metafísica do abstrato e buscavam a possibilidade de produzir uma filosofia do concreto. Dois dos maiores expoentes da filosofia francesa no século XX, Jean-Paul Sartre e Maurice Merleau-Ponty, foram, não por acaso, leitores (ou releitores) de Husserl.[2]

Sartre, desde muito jovem, teve sua produção filosófica marcada pela filosofia husserliana. Tendo obtido uma bolsa para estudos na Alemanha, passou um ano em Berlim, entre 1933 e 1934, estudando a obra de Husserl, sobretudo as *Ideias Fundamentais para uma Fenomenologia*. O resultado foi a obra *A Transcendência do Ego*, que publicou em seguida, e a forte influência em *O Ser e o Nada* (1943), além de em outros textos menores. A proposta de Sartre era de uma "volta a Husserl", deixando de lado o "desvio existencial" que Heidegger impôs à fenomenologia. Mas o curioso é

---

[1] ALLIEZ, Eric. *Da Impossibilidade da Fenomenologia; sobre a filosofia francesa contemporânea*. São Paulo: Ed. 34, 1996, p. 32-33.

[2] Ver, por exemplo, o terceiro volume de REALE, Giovanni e ANTISSERI, Dario. *História da Filosofia*. São Paulo: Paulus, 1991.

que Sartre acabaria ainda mais "existencialista" do que Heidegger, ao usar o método criado por Husserl para descrever o fenômeno de ser do ser humano. Merleau-Ponty, por sua vez, procurou seguir com a fenomenologia do ponto no qual Husserl houvera parado. Atento à preocupação do mestre de fugir da armadilha idealista na qual a fenomenologia havia incorrido em sua primeira fase, o filósofo francês opta por trabalhar uma fenomenologia do corpo, e não da consciência, como fez Sartre.

Mas um bólido atravessou a filosofia francesa: Nietzsche. O alemão maldito, um dos "mestres da suspeita", viria revolucionar o pensamento francês, anunciando novos ares e novos mundos. A geração de filósofos franceses que começa a produzir intensamente nos anos 1960 – e por isso às vezes chamada de geração 68 – será uma geração de leitores de Nietzsche, entre os quais podemos destacar Deleuze, Foucault, Lyotard, Derrida, por exemplo. Um dos principais responsáveis pela recepção de Nietzsche na França foi Pierre Klossowski, filósofo da mesma geração de Sartre (ambos nasceram em 1905), geração que marcaria a formação de Deleuze, Foucault e companhia. Esse encontro com Nietzsche marcaria a filosofia francesa, levando a própria produção acadêmica para mares nunca dantes navegados da história da filosofia; basta frisar que os quatro citados foram professores nas mais importantes instituições de ensino superior francesas, sendo portanto responsáveis pela formação de novas gerações de filósofos franceses.

Um comentário de Deleuze é emblemático dessa "nova" forma de se fazer filosofia que, partindo de filósofos consagrados pela história, consiste numa atividade criadora, e não apenas reprodutora:

> A história da filosofia não é uma disciplina particularmente reflexiva. É antes como uma arte de retrato em pintura. São retratos mentais, conceituais. Como em pintura, é preciso fazer semelhante, mas por meios que não sejam semelhantes, por meios diferentes: a semelhança deve ser produzida, e não ser um meio para reproduzir (aí nos contentaríamos em redizer o que o filósofo disse). Os filósofos trazem novos conceitos, eles os expõem, mas não dizem, pelo menos não completamente, a

quais problemas esses conceitos respondem. Por exemplo, Hume expõe um conceito original de crença, mas não diz por que nem como o problema do conhecimento se coloca de tal forma que o conhecimento seja um modo determinável de crença. A história da filosofia deve, não redizer o que disse um filósofo, mas dizer o que ele necessariamente subentendia, o que ele não dizia e que, no entanto, está presente naquilo que diz.[3]

Trata-se, portanto, de produzir filosofia a partir da história da filosofia, mas não ficando confinado a ela, apenas reproduzindo o pensamento, mas criando novos conceitos. A história da filosofia é a base da qual se parte, não mais o ponto de chegada.

Uma nova geração de filósofos franceses, formada a partir dos anos 1960 – e tendo, portanto, como mestres os leitores de Nietzsche – vai esboçar uma reação, no final dos anos 1980 e início dos 90. São aqueles que ficaram conhecidos como os "novos filósofos" que, para buscar seu lugar ao sol na concorrida cena filosófica francesa, seja no palco das academias ou no novo palco virtual das mídias (jornais, tevê e depois o ciberespaço), não hesitaram em revoltar-se contra os mestres. Bernard Henri-Lévy, André Comte-Sponville, Luc Ferry, Alain Renaut, entre os mais conhecidos. Vários deles propuseram o abandono da "filosofia do martelo" de Nietzsche e um retorno a um certo classicismo.[4] Mas isso só serviu para ampliar ainda mais os horizontes múltiplos da filosofia francesa em nossos dias.

Neste embate do estudo da história da filosofia com a produção mais estritamente filosófica, nas confluências e refluxos do bergsonismo com as leituras francesas da fenomenologia, nos múltiplos encontros/desencontros com Nietzsche, no debate com a filosofia analítica anglo-saxônica, foi delineando-se a contemporaneidade da filosofia francesa. Contemporaneidade feita de multiplicidade, de diferentes referenciais, de distintas leituras

---

[3] DELEUZE, Gilles. *Pourparlers*. Paris: Minuit, 1990, p. 185-186 (na tradução brasileira, *Conversações*. Rio de Janeiro: Ed. 34, 1992, p. 169-170).

[4] Emblemática dessa posição é uma obra coletiva, publicada na França em 1991: BOYER, Alain et alli. *Porque não somos nietzscheanos*. São Paulo: Ed. Ensaio, 1994.

e releituras. Essa multiplicidade dificulta, claro, as classificações; quiçá daqui a um século o distanciamento temporal permita aos historiadores da filosofia perceber elementos de articulação que permitam o vislumbre de "correntes de pensamento", de territórios demarcados no mapa do pensamento francês da segunda metade do século XX. Por ora, qualquer tentativa de "classificação" parece-me prematura e equivocada.[5]

Tal multiplicidade do pensamento francês contemporâneo é interpretada no já citado relatório de Alliez como o processo de libertação da filosofia de uma certa tradição mais recente, que circunscrevia a produção filosófica numa triangulação – similar àquela da edipianização, com que Freud circunscreve a produção do desejo – entre o positivismo, a fenomenologia e a crítica, impedindo novas experiências de pensamento.

> Enfrentando o termo equívoco de sua realização, uma certa identidade da filosofia francesa se constituiu: contemporânea. Da retomada da crítica bergsoniana das filosofias da consciência por Merleau-Ponty no quadro de sua crítica do idealismo transcendental de Husserl, à desconstrução derridiana da fenomenologia, 'metafísica da presença na forma da idealidade', como filosofia da *vida*, projetando um espectro cujas extremidades se dividiram hoje entre Deleuze e Badiou, impôs-se assim um campo de pesquisa cuja aposta, em toda a diversidade de seus procedimentos, é simplesmente a de libertar a razão do triângulo mágico Crítica – Positivismo lógico – Fenomenologia transcendental.[6]

Assim, não se pode propriamente falar em "tendências predominantes" na filosofia francesa contemporânea. Tendo

---

[5] Discordo abertamente, portanto, daqueles que se apressam em falar em "pós-estruturalismo" ou em abarcar quase tudo sob o epíteto de "pós-modernismo". De um lado porque o prefixo "pós" designa apenas posterioridade temporal e aí caímos na obviedade: claro que absolutamente *tudo* o que foi produzido posteriormente ao estruturalismo é "pós-estruturalismo", mas isso é muito pouco para delimitar um esforço de pensamento e produção conceitual; de outro lado porque o pós-modernismo, se é que podemos, de fato, falar em algo assim, seria também um termo excessivamente vago para designar esforços de pensamento.

[6] ALLIEZ, op. cit., p. 57.

escapado do triângulo crítico (leia-se marxismo – positivismo – fenomenologia), as diferenças proliferaram. A geração de filósofos leitores de Nietzsche, por inspiração de Klossowski, parece ter levado a cabo o desafio lançado pelo filósofo da Basileia na *Genealogia da Moral*, obra de 1886; ali Nietzsche afirmou que

> Devemos afinal, como homens de conhecimento, ser gratos a tais resolutas inversões das perspectivas e valorações costumeiras, com que o espírito, de modo aparentemente sacrílego e inútil, enfureceu-se consigo mesmo por tanto tempo: ver assim diferente, *querer* ver assim diferente, é uma grande disciplina e preparação do intelecto para a sua futura 'objetividade' – a qual não é entendida como 'observação desinteressada' (um absurdo sem sentido), mas como a faculdade de ter seu pró e seu contra *sob controle* e deles poder dispor: de modo a saber utilizar em prol do conhecimento a *diversidade* de perspectivas e interpretações afetivas [...] Existe *apenas* uma visão perspectiva, apenas um 'conhecer' perspectivo; e *quanto mais* afetos permitirmos falar sobre uma coisa, *quanto mais* olhos, diferentes olhos, soubermos utilizar para essa coisa, tanto mais completo será nosso 'conceito' dela, nossa 'objetividade'. Mas eliminar a vontade inteiramente, suspender os afetos todos sem exceção, supondo que o conseguíssemos: como? – não seria castrar o intelecto?... (3ª Dissertação, § 12).[7]

Não castrar o intelecto mas, ao contrário, fazer proliferar as experiências de pensamento; parece ser essa a tônica da filosofia francesa inspirada por Nietzsche. E, mesmo por isso, fica difícil falar em uma "corrente filosófica". Se há pontos de contato, tangenciamentos, entre os pensamentos de Deleuze, Foucault, Derrida, Lyotard e outros, há também muitas diferenças, e diferenças significativas, que não permitem que eles sejam colocados como representantes de uma mesma "corrente de pensamento".

Se há a influência de Nietzsche, há ainda várias outras; no caso de Deleuze, elas vêm da filosofia e de outros lados. Na filosofia, Deleuze bebe em Spinoza, em Bergson, em Hume, em Kant, em Leibniz. Mas há a literatura: Proust, Lewis Carrol,

---

[7] NIETZSCHE, Friedrich. *Genealogia da moral*. São Paulo: Companhia das Letras, 1998, p. 108-109.

Herman Melville, Sacher-Masoch. Há o cinema. Assim, não é possível dizer que Deleuze tenha sido um "nietzscheano", como não o foram Foucault, Derrida e companhia. São singularidades numa multiplicidade, singularidades que têm em comum atender ao apelo de Nietzsche de atentar para a diversidade como elemento positivo na produção dos conhecimentos, mas que, justamente por atender ao apelo da diversidade, ficam marcadas pelas diferenças, entre si e com as outras.

Deleuze, filósofo da multiplicidade

Nesse quadro de multiplicidades que é a filosofia contemporânea francesa, podemos dizer que Gilles Deleuze foi *o* filósofo da multiplicidade. Como afirmou Roberto Machado, "não há dúvida de que a grande ambição de Deleuze é realizar, inspirado sobretudo em Bergson, uma filosofia da multiplicidade".[8] E o próprio Deleuze inicia um de seus últimos escritos afirmando que "a filosofia é a teoria das multiplicidades".[9]

Deleuze é, em princípio, mais um historiador da filosofia. Mas não um historiador qualquer; ele é, antes de qualquer coisa, um historiador-filósofo, ou melhor, um filósofo-historiador. A sua produção filosófica começa, necessariamente, com o estudo de filósofos importantes na história das mentalidades (Hume, Bergson, Spinoza, Leibniz, Kant, Nietzsche...) para ir (re)desenhando novos mapas conceituais, pois, como vimos anteriormente, para ele a ação do historiador da filosofia pode ser vista como a ação do pintor retratista.[10] Fazer filosofia é muito mais do que repetir filósofos, mas como a filosofia trata do mundo e há mais de dois mil anos que filósofos debruçam-se

---

[8] MACHADO, Roberto. *Deleuze e a Filosofia*. Rio de Janeiro: Graal, 1990, p. 12.

[9] *L'actuel et le virtuel* in: DELEUZE, Gilles et PARNET, Claire. *Dialogues*. Paris: Flammarion, 1997, p. 179. (tradução brasileira por Eloisa Araújo Ribeiro, *Diálogos*. São Paulo: Escuta, 1998; há também uma tradução deste texto em apêndice a ALLIEZ, Éric. *Deleuze Filosofia Virtual*. São Paulo: Ed. 34, 1996).

[10] Sobre a questão do Deleuze-historiador da filosofia e do Deleuze-filósofo, ver as obras já citadas de Alliez, *Deleuze Filosofia virtual,* e, de Machado, *Deleuze e a Filosofia.*

sobre ele, também é difícil fazer filosofia (pensar o novo) sem retomar o já pensado.

Mas essa "repetição" (que é também, necessariamente, "diferença") que Deleuze faz dos filósofos é antes de tudo um *roubo*. Citando e parafraseando Bob Dylan, Deleuze afirma que "roubar é o contrário de plagiar, de copiar, de imitar ou de fazer como".[11] A produção filosófica é, necessariamente, solitária, mas é uma solidão que propicia encontros; esses encontros de ideias, de escolas filosóficas, de filósofos, de acontecimentos é que proporcionam a matéria da produção conceitual. Em outras palavras, só se produz na solidão da interioridade, mas ninguém produz do nada, no vazio. A produção depende de encontros, encontros são roubos e roubos são sempre criativos; roubar um conceito é produzir um conceito novo. Nesse sentido, a filosofia de Deleuze pode ser vista como um *desvio*.

> Se tivermos que ler a obra de Deleuze como um ataque ou uma traição aos elementos da tradição metafísica ocidental, temos que compreender tal postura como uma afirmação de outros elementos dessa mesma tradição. Em outras palavras, não podemos ler a obra de Deleuze como se estivesse "fora" ou "além" da tradição filosófica, ou mesmo como uma efetiva via de escape daquele bloco; ao invés disso, devemos encará-la como a afirmação de uma (descontínua, mas coerente) linha de pensamento que permaneceu suprimida e latente, mas, não obstante, profundamente embebida na mesma tradição.[12]

Para além dos encontros de Deleuze com os filósofos já citados, outros são importantes na constituição de sua obra filosófica: seu encontro com o cinema (que resultou numa obra em dois volumes); seus múltiplos encontros com a literatura (Kafka, Beckett, Jarry, Sacher-Masoch, Lawrence, a literatura norte-americana, entre outros), que resultaram em diversos ensaios; seu

---

[11] DELEUZE, Gilles et PARNET, Claire. *Dialogues*. Paris: Flammarion, 1997, p. 13 (p. 15, na tradução brasileira).
[12] HARDT, Michael. *Gilles Deleuze, um aprendizado em filosofia*. São Paulo: Ed. 34, 1996, p. 21-22.

encontro crítico (talvez não fosse demais falar em desencontro) com a psicanálise. Mas há ainda um encontro, dos mais fundamentais para a produção deleuziana dos anos 1970 aos 90: seu encontro com Félix Guattari.[13] A colaboração entre eles começou com *O Anti-Édipo* (primeira edição francesa datada de 1972), estendeu-se por *Kafka – por uma literatura menor* (1975), *Rizoma* (1976), *Mil Platôs* (1980), culminando com *O que é a filosofia?* (1991).

A filosofia de Deleuze é uma constante atenção ao mundo e ao tempo presente, a busca dos pequenos detalhes que são o que de fato importa. Quando leio Deleuze, que desloca a atenção da filosofia dos "universais" abstratos para a concretude dos eventos, dos acontecimentos, não consigo deixar de lembrar dos filmes de David Lynch, que também lançam luz sobre o efêmero, fazendo com que vislumbremos os pequenos acontecimentos de uma outra perspectiva.[14]

Inspirado em Nietzsche, Deleuze quer inverter o platonismo. Em lugar de buscar as formas puras expressas numa única Ideia, atentar para as miríades de detalhes da sensibilidade; em lugar de buscar a contemplação do Sol, divertir-se com as múltiplas possibilidades do teatro de sombras no interior da caverna. Nas palavras de Foucault,

> Converter o platonismo (um trabalho sério) é fazê-lo inclinar-se com mais piedade para o real, para o mundo e para o tempo.

---

[13] Guattari (1930-1993) foi uma personalidade múltipla. Analista, rompeu com Lacan, o papa da psicanálise na França, e fundou a análise institucional, criando, mais tarde, já com Deleuze, a esquizoanálise, que se propõe desedipianizar a produção do desejo, liberando seus fluxos. Mas Guattari foi também um ativista político e um teórico de primeira linha, com produção ampla e variada. Foi, certamente, um dos grandes intelectuais deste final de milênio, com o pensamento voltado para o futuro.

[14] Da filmografia de Lynch, faço destaque para três obras, nas quais o leitor poderá tomar contato com essa experiência de se colocar sob as lentes da câmera atos corriqueiros do cotidiano, como a mão que acende um fósforo, a mão que passa esmalte nas unhas dos pés, uma orelha achada num gramado de um terreno baldio, e toda a poética estranheza que manifestam: *Blue Velvet* (*Veludo Azul*); *Wild at Heart* (*Coração Selvagem*) e *Mulholand Drive* (*Cidade dos Sonhos*). Por outro lado, *True Story* (*Uma História Real*) é todo ele dedicado a um ato efêmero: um velho que decide atravessar o país dirigindo um cortador de grama, para visitar o irmão, com quem brigara há décadas.

Subverter o platonismo é tomá-lo do alto (distância vertical da ironia) e apreendê-lo novamente em sua origem. Perverter o platonismo é espreitá-lo até em seu mínimo detalhe, é descer (conforme a gravitação característica do humor) até esse cabelo, até essa sujeira debaixo da unha que não merecem de forma alguma a honra de uma ideia; é descobrir através disso o descentramento que ele operou para se recentrar em torno do Modelo, do Idêntico e do Mesmo; é se descentrar em relação a ele para fazer agir (como em qualquer perversão) as superfícies próximas. A ironia eleva e subverte; o humor faz cair e perverte. Perverter Platão é deslocar-se da maldade dos sofistas, dos gestos rudes dos cínicos, dos argumentos dos estoicos, das quimeras esvoaçantes de Epicuro. Leiamos Diógenes Laércio.[15]

Mas como proceder para produzir uma filosofia do múltiplo e não do Uno, uma filosofia do concreto cotidiano e não do Universal abstrato? Como produzir uma filosofia distinta daquela da tradição ocidental, com mais de dois mil e quinhentos anos de história? Como produzir uma filosofia atendendo ao desafio de Nietzsche, sem fazer como Nietzsche? Em outras palavras, qual o método de Deleuze?

Alain Badiou caracterizou o método deleuziano como uma *antidialética* e uma "forma singular de intuição".[16] Uma antidialética porque há uma recusa em se pensar por categorias e por mediações. Deleuze criticou a filosofia que se produz por divisões no ser, procedendo por analogias, que foi dominante em toda a história. Partindo de Parmênides, com sua distinção entre o Ser e o Não-Ser, passando pelas dicotomias platônicas e pela dialética hegeliana, que busca colocar a negação no interior da afirmação, estendendo-se à fenomenologia, que permanece com a dicotomia entre mundo-aí e mundo da vida, por exemplo... Para ele, há apenas uma voz do Ser, que se multiplica e se diferencia em múltiplas tonalidades.[17] Daí sua negação da dialética, para buscar

---

[15] FOUCAULT, Michel. Theatrum Philosophicum, in: *Ditos e escritos* – v. 2. Rio de Janeiro: Forense Universitária, 2000, p. 232-233.

[16] BADIOU, Alain. *Deleuze – o clamor do Ser*. Rio de Janeiro: Jorge Zahar, 1997, p. 47.

[17] Ver DELEUZE, Gilles. *Diferença e repetição*. Rio de Janeiro: Graal, 1998.

a multiplicidade, as diferenças, as variações, que embora sejam expressões do mesmo, jamais deverão ser unificadas. A filosofia de Deleuze não é, de forma alguma, uma filosofia do Uno.

> O verdadeiro método filosófico não deve permitir-se absolutamente nenhuma divisão do sentido do Ser por distribuições categoriais, nenhuma aproximação do seu movimento por recortes formais preliminares, por mais refinados que sejam. É preciso pensar "juntas" a univocidade do Ser e a equivocidade dos entes (a segunda sendo apenas a *produção imanente* da primeira), sem a mediação dos gêneros e das espécies, dos tipos ou dos emblemas, em suma: sem categorias, sem generalidades.

O método de Deleuze é, pois, um método que rejeita o recurso às mediações. É por isso que ele é essencialmente antidialético. A mediação é exemplarmente uma categoria. Ela pretende fazer passar de um ente para outro "sob" uma relação interna com pelo menos um deles.[18]

Badiou alerta que a *intuição* deleuziana não pode ser confundida com o sentido de intuição nos místicos ou em Descartes, por exemplo. Não se trata de intuir "a partir do nada" uma ideia clara e distinta ou mesmo uma revelação; a intuição, em Deleuze, é um trabalho de pensamento que, articulando multiplicidades de conceitos, intui novos conceitos.

> É por isso que a intuição deleuziana não é um golpe de vista da alma, mas um percurso atlético do pensamento; ela não é um átomo mental, mas uma multiplicidade aberta; não é um movimento unilateral (uma luz dirigida para a coisa), mas uma construção complexa, que Deleuze chama frequentemente de "um reencadeamento perpétuo".[19]

Com essa ação, Deleuze – embora isso ainda seja difícil de reconhecer – redefiniu a filosofia do século XX, o que levou Foucault a afirmar que "um dia, talvez, o século será deleuziano".[20] Só o tempo dirá se Foucault teve razão. Mas o fato é que Deleuze

---

[18] BADIOU, op. cit., p. 43-44.
[19] Ibidem, p. 48.
[20] FOUCAULT, Michel. Theatrum Philosophicum, op. cit., p. 230.

tornou explícito um modo de produzir filosofia que, se não é novo, nunca antes havia sido explicitado da forma como ele o fez. Ou, como também afirmou Foucault, a operação deleuzeana recolocou a possibilidade do pensamento: "[...] produziu-se uma fulguração que levará o nome de Deleuze: um novo pensamento é possível; o pensamento, de novo, é possível".[21]

Rasgar o caos: a filosofia como criação de conceitos

Em 1991 Deleuze publicou sua última grande obra, novamente escrita em parceria com Guattari. Trata-se de *O que é a filosofia?*. Nesta densa obra, dedicam-se a pensar aquilo que, afirmam, só pode ser respondido na velhice, mesmo que a questão tenha sido sempre colocada, de uma ou de outra forma, ao longo de toda a vida: o que é isso que fazemos, sob o nome de *filosofia*? E a resposta está presente já nas primeiras páginas, pois, na verdade, sempre esteve presente durante toda a vida de produção filosófica: "a filosofia é a arte de formar, de inventar, de fabricar conceitos".[22] O livro é um ensaio em torno dessa definição, a explicitação do sentido de conceito (*sophia*) e de amizade (*philia*); ou, em outros termos, a obra é a própria *construção do conceito* de filosofia.

A palavra grega filosofia cruza *amizade*, que nos remete a proximidade, a encontro, com *saber* (deleuzianamente, *conceito*). O amigo é um "personagem conceitual", que contribui para a definição dos conceitos, e é assim que Deleuze e Guattari leem o personagem do filósofo que nasce com os gregos: alguém que, na busca pela sabedoria – que nunca é de antemão, mas sempre procura, produção – inventa e pensa o conceito, diferentemente dos sábios antigos, que pensavam por figuras, por imagens. Ao definir o filósofo como "amigo do conceito", admite-se que a tarefa da filosofia é necessariamente criativa:

---

[21] Ibidem, p. 254.
[22] DELEUZE, Gilles e GUATTARI, Félix. *O que é a filosofia?* Rio de Janeiro: Ed. 34, 1992, p. 10.

> O filósofo é o amigo do conceito, ele é conceito em potência. Quer dizer que a filosofia não é uma simples arte de formar, de inventar ou de fabricar conceitos, pois os conceitos não são necessariamente formas, achados ou produtos. A filosofia, mais rigorosamente, é a disciplina que consiste em *criar* conceitos [...] Criar conceitos sempre novos, é o objeto da filosofia. É porque o conceito deve ser criado que ele remete ao filósofo como àquele que o tem em potência, ou que tem sua potência e sua competência [...] Que valeria um filósofo do qual se pudesse dizer: ele não criou um conceito, ele não criou seus conceitos?[23]

O golpe que Deleuze e Guattari desferem contra as noções correntes de filosofia é certeiro. A filosofia tem uma ação *criadora* (de conceitos) e não é uma mera passividade frente ao mundo. Podemos inferir que os dois franceses discordam frontalmente da famosa XI Tese sobre Feuerbach, de Marx: "os filósofos se limitaram a *interpretar* o mundo de diferentes maneiras; mas o que importa é *transformá-lo*"[24], ou pelo menos da maneira que ela é normalmente interpretada pela ortodoxia marxista. Para eles, a criação de conceitos é, necessariamente, uma intervenção no mundo, ela é a própria criação de um mundo. Assim, criar conceitos é uma forma de transformar o mundo; os conceitos são as ferramentas que permitem ao filósofo criar um mundo à sua maneira. Por outro lado, os conceitos podem ainda ser armas para a ação de outros, filósofos ou não, que dispõem deles para fazer a crítica de mundo, para instaurar outros mundos. Se é verdade que na história tivemos filosofias e filósofos que agiram no sentido de manter o *status quo*, também é verdade que tivemos filosofias e filósofos revolucionários, agentes de transformação. Que não se faça uma leitura idealista do conceito: não se trata de afirmar que é uma ideia (conceito) que funda a realidade; num sentido completamente outro, o conceito é *imanente* à realidade, brota dela e serve justamente para fazê-la compreensível. E, por isso, o conceito pode ser ferramenta, tanto de conservação quanto

---

[23] DELEUZE, Gilles e GUATTARI, Félix. *O que é a filosofia?* op. cit., p. 13-14.
[24] MARX, Karl. Teses sobre Feuerbach, em anexo a *A ideologia alemã*. São Paulo: Hucitec, 1986, p. 128.

de transformação. O conceito é sempre uma intervenção no mundo, seja para conservá-lo, seja para mudá-lo. Impossível não lembrar aqui de um verso da canção *My IQ* (*Meu QI*) da cantora folk norte-americana Ani diFranco: "qualquer ferramenta é uma arma, se você usá-la direito";[25] os conceitos também são armas, e a filosofia é um empreendimento ativo e criativo.

Mas a coisa não fica por aí; a filosofia não pode ser vista nem como *contemplação*, nem como *reflexão* nem como *comunicação*.

A filosofia não é contemplação, como durante muito tempo – por inspiração sobretudo platônica – se julgou, pois a contemplação, mesmo dinâmica, não é criativa; consiste na visada da coisa mesma, tomada como preexistente e independente do próprio ato de contemplar, e nada tem a ver com a criação de conceitos. Ela tampouco é comunicação, e aí dirige-se uma crítica a duas figuras emblemáticas da filosofia contemporânea: a Habermas, com sua proposta de uma "razão comunicativa", e a Rorty e ao neopragmatismo, propositores de uma "conversação democrática". Porque a comunicação pode visar apenas ao *consenso*, mas nunca ao *conceito*; e o conceito, muitas vezes, é mais dissenso que consenso. E, finalmente, a filosofia não é reflexão, simplesmente porque a reflexão não é específica da atividade filosófica: é possível que qualquer um (e não apenas o filósofo) reflita sobre qualquer coisa. Vale citar as próprias palavras de Deleuze e Guattari:

> Ela não é reflexão, porque ninguém precisa de filosofia para refletir sobre o que quer que seja: acredita-se dar muito à filosofia fazendo dela a arte da reflexão, mas retira-se tudo dela, pois os matemáticos como tais não esperaram jamais os filósofos para refletir sobre a matemática, nem os artistas sobre a pintura ou a música; dizer que eles se tornam então filósofos é uma brincadeira de mau gosto, já que sua reflexão pertence à sua criação respectiva.[26]

---

[25] A canção citada é de 1991. Os versos finais, no original inglês, são os seguintes: *"cause every tool is a weapon - if you hold it right"*.

[26] DELEUZE, Gilles e GUATTARI, Félix, op. cit., p. 14.

Não podemos identificar a filosofia com nenhuma dessas três atitudes porque nenhuma delas é específica da filosofia, "a contemplação, a reflexão, a comunicação não são disciplinas, mas máquinas de constituir Universais em todas as disciplinas".[27] Por outro lado, é próprio da filosofia criar conceitos que permitam a contemplação, a reflexão e a comunicação, sem os quais elas não poderiam existir, uma vez que contemplamos conceitos, refletimos sobre conceitos e comunicamos conceitos.

Se a filosofia ganha densidade e identidade como a empresa de criação conceitual, então cai por terra e perde o sentido a questão sempre discutida da *utilidade* da filosofia, ou mesmo o anúncio reincidente da sua morte, de sua superação: "se há lugar e tempo para a criação dos conceitos, a essa operação de criação sempre se chamará filosofia, ou não se distinguirá da filosofia, mesmo se lhe for dado outro nome".[28] Em outro lugar, Deleuze já havia afirmado que

> A filosofia consiste sempre em inventar conceitos. Nunca me preocupei com uma superação da metafísica ou uma morte da filosofia. A filosofia tem uma função que permanece perfeitamente atual, criar conceitos. Ninguém pode fazer isso no lugar dela. Certamente, a filosofia sempre teve seus rivais, desde os "rivais" de Platão até o bufão de Zaratustra. Hoje é a informática, a comunicação, a promoção comercial que se apropriam dos termos "conceito" e "criativo", e esses "conceituadores" formam uma raça atrevida que exprime o ato de vender como o supremo pensamento capitalista, o cogito da mercadoria. A filosofia sente-se pequena e só diante de tais potências, mas, se chegar a morrer, pelo menos será de rir.[29]

Bem, se o ato filosófico consiste na criação de conceitos, devemos, filosoficamente, perguntar: o que é um conceito?

Essa questão nunca foi privilegiada na história da filosofia; o conceito foi sempre tomado como um dado, um "sempre já

---

[27] Ibidem, p. 15.
[28] Ibidem, p. 17.
[29] Entrevista concedida ao *Magazine Littéraire* em 1988, publicada depois em *Pourparlers*, op. cit., p. 186 (na tradução brasileira, *Conversações*, p. 170).

presente", algo que não precisa ser explicado. Para dizer de outra maneira, raras vezes encontramos na história um esforço de "conceituação do conceito". Mas se o conceito é criação, é necessário que se saiba exatamente o que é ele, e quais as condições e possibilidades de sua produção. É necessária uma verdadeira "pedagogia do conceito", um aprendizado do trato com ele.

Para compreendermos o conceito de conceito criado por Deleuze e Guattari, precisamos desconstruir nossas noções de conceito previamente estabelecidas. De modo geral, os leitores encontram dificuldades de compreender a definição deleuzo-guattariana de conceito, pois ela é, a um só tempo, mais e menos do que aquelas com as quais estamos acostumados a lidar. Por exemplo: o conceito não é apenas um operador lógico; é mais que isso e menos que isso, na medida em que se coloca para além da lógica e para aquém da lógica.

Tampouco o conceito é um universal, na medida em que é próprio do conceito colocar o acontecimento, que é sempre singular. Mas, na tradição filosófica, o conceito é sempre visto como universal, na esteira de Platão. Kant o definiu da seguinte maneira:

> Todos os conhecimentos, isto é, todas as representações conscientemente referidas a um objeto, são ou *intuições* ou *conceitos*. A intuição é uma *representação singular*; o conceito, uma *representação universal* ou *representação refletida*.
>
> "O conhecimento por conceitos chama-se *pensar*."[30]

Ora, para nossos filósofos, o conceito não é uma representação, muito menos uma representação universal. Podemos definir o conceito, na visão dos filósofos franceses, como sendo uma aventura do pensamento que institui um acontecimento, vários acontecimentos, que permita um ponto de visada sobre o mundo, sobre o vivido. Poderíamos, aqui, lembrar a célebre afirmação de Merleau-Ponty: "a verdadeira filosofia consiste em reaprender a

---

[30] KANT, *Manual dos cursos de Lógica Geral*. 2. ed. Campinas/Uberlândia: Ed. Unicamp/Edufu, 2003, p. 181.

ver o mundo"; parece ser disso que falam Deleuze e Guattari quando exprimem a ação do conceito: um reaprendizado do vivido, uma ressignificação do mundo. É por isso que o conceito é exclusivamente filosófico. A ciência, por exemplo, não cria conceitos; ela opera com proposições ou funções[31], que partem necessariamente do vivido para exprimi-lo. O conceito é mais como um sobrevoo (essa imagem é reincidente em Deleuze: o conceito como um pássaro que sobrevoa o vivido, o que levou à criação de um belo livro póstumo[32]). Para dar inteligibilidade a essa definição, vejamos as características básicas dos conceitos.

Primeiro, todo conceito é necessariamente *assinado*; cada filósofo, ao criar um conceito, ressignifica um termo da língua com um sentido propriamente seu. Podemos tomar como exemplo: a *Ideia* de Platão; o *cogito* de Descartes; a *mônada* de Leibniz; o *nada* de Sartre; o *fenômeno* de Husserl; a *duração* de Bergson... A assinatura remete ao *estilo* filosófico de cada um, à forma particular de pensar e de escrever. "O batismo do conceito solicita um gosto propriamente filosófico que procede com violência ou com insinuação, e que constitui na língua uma língua da filosofia, não somente um vocabulário, mas uma sintaxe que atinge o sublime ou uma grande beleza".[33] A partir disso, Alliez criou a bela imagem da filosofia como uma "assinatura do mundo":

---

[31] "A ciência não tem por objetivo conceitos, mas funções que se apresentam como proposições nos sistemas discursivos. Os elementos das funções se chamam *functivos*. Uma noção científica é determinada não por conceitos, mas por funções ou proposições. É uma ideia muito variada, muito complexa, como se pode ver já no uso que dela fazem respectivamente a matemática e a biologia; porém, é essa ideia de função que permite às ciências refletir e comunicar. A ciência não tem nenhuma necessidade da filosofia para essas tarefas. Em contrapartida, quando um objeto é cientificamente construído por funções, por exemplo, um espaço geométrico, resta buscar seu conceito filosófico que não é de maneira alguma dado na função. Mais ainda, um conceito pode tomar por componentes os functivos de toda função possível, sem por isso ter o menor valor científico, mas com a finalidade de marcar as diferenças de natureza entre conceitos e funções." DELEUZE e GUATTARI, *O que é a filosofia?*, op. cit., p. 153.

[32] *L'Oiseau Philosophie* ("O Pássaro Filosofia"). Paris: Éditions du Seuil, 1997. Frases de Deleuze com ilustrações de Jacqueline Duhême.

[33] DELEUZE e GUATTARI, op. cit., p. 16.

cada filósofo assina o mundo à sua maneira, por meio dos conceitos que cria.

Todo conceito é uma *multiplicidade*, não há conceito simples. O conceito é formado por componentes e define-se por eles; claro que totaliza seus componentes ao constituir-se, mas é sempre um todo fragmentado, como um caleidoscópio, em que a multiplicidade gera novas totalidades provisórias a cada golpe de mão.

Todo conceito é criado a partir de *problemas*. Ou problemas novos (mas como é difícil encontrar problemas novos em filosofia!) ou problemas que o filósofo considera que foram mal-colocados; de toda forma, um problema deve ser posto pelo filósofo, para que conceitos possam ser criados. Um conceito nunca é criado do nada; veremos adiante a noção de *plano de imanência*, que é o solo de toda filosofia.

Todo conceito tem uma *história*. Cada conceito remete a outros conceitos do mesmo filósofo e a conceitos de outros filósofos, que são tomados, assimilados, retrabalhados, recriados. Não podemos, entretanto, pensar que a história do conceito é linear; ao contrário, é uma história de cruzamentos, de idas e vindas, uma história em ziguezague, enviesada. Um conceito se alimenta das mais variadas fontes, sejam filosóficas sejam de outras formas de abordagem do mundo, como a ciência e a arte.

Cada conceito retoma e remete a outros conceitos, numa encruzilhada de problemas. "Cada conceito remete a outros conceitos, não somente em sua história, mas em seu devir ou suas conexões presentes. Cada conceito tem componentes que podem ser, por sua vez, tomados como conceitos [...] Os conceitos vão pois ao infinito e, sendo criados, não são jamais criados do nada."[34]

Todo conceito é uma *heterogênese*: "uma ordenação de seus componentes por zonas de vizinhança."[35] Ele é o ponto de coincidência, de condensação, de convergência de seus componentes

---

[34] Ibidem, p. 31.
[35] Ibidem, p. 32.

que permitem *uma* significação singular, *um* mundo possível, em meio à multiplicidade de possibilidades. Desta forma, uma filosofia não deve jamais ser vista como sistema, como resposta absoluta a todas as perguntas, mas como respostas possíveis a problemas possíveis num determinado mundo vivido. Horizonte de eventos.

Todo conceito é um *incorporal*, embora esteja sempre encarnado nos corpos. Não pode, entretanto, ser confundido com as coisas; um conceito nunca é a coisa-mesma (esse horizonte sempre buscado e jamais alcançado pela fenomenologia, da adequação imediatizada da consciência com o mundo-aí). Um conceito "não tem coordenadas espaço-temporais, mas apenas ordenadas intensivas. Não tem energia, mas somente intensidades, é anergético – e, fundamental – o conceito diz o acontecimento, não a essência ou a coisa".[36] Todo conceito é, pois, sempre, um *acontecimento*, um dizer o acontecimento; portanto, se não diz a coisa ou a essência, mas o evento, o conceito é sempre *devir*.

Um conceito é *absoluto* e *relativo* ao mesmo tempo. Relativo pois remete a seus componentes e a outros conceitos; relativo aos problemas aos quais se dirige. No entanto, adquire ar de absoluto, pois condensa uma possibilidade de resposta ao problema. Em outras palavras, absoluto em relação a si mesmo, relativo em relação ao seu contexto. Nas palavras de Deleuze e Guattari, o conceito "é absoluto como um todo, mas relativo enquanto fragmentário. *É infinito por seu sobrevoo ou sua velocidade, mas finito por seu movimento que traça o contorno dos componentes*. Um filósofo não pára de remanejar seus conceitos, e mesmo de mudá-los; basta às vezes um ponto de detalhe que se avoluma, e produz uma nova condensação, acrescenta ou retira componentes."[37] Que não se confunda seu teor de absoluto, porém, com universalidade.

Finalizando, o conceito não é discursivo, não é proposicional. Essa é uma singularidade da ciência, que permite que ela

---

[36] Ibidem, p. 33.
[37] Ibidem, p. 34.

seja reflexiva e comunicativa, mas não da filosofia. A ciência não produz conceitos, mas *prospectos*, enquanto que a arte também não produz conceitos, mas *afectos* e *perceptos*. Nas palavras de Deleuze e Guattari:

> Das frases ou de um equivalente, a filosofia tira *conceitos* (que não se confundem com ideias gerais ou abstratas), enquanto que a ciência tira *prospectos* (proposições que não se confundem com juízos) e a arte tira *perceptos* e *afectos* (que também não se confundem com percepções e sentimentos). Em cada caso, a linguagem é submetida a provas e usos incomparáveis, mas que não definem a diferença entre as disciplinas, sem constituir também seus cruzamentos perpétuos.[38]

Veremos adiante, com mais detalhes, como Deleuze e Guattari concebem a arte, a ciência e a filosofia, seus tangenciamentos, suas transversalizações, suas singularidades. Por ora, basta-nos saber que, para eles, o conceito é uma entidade exclusiva da filosofia; ciência e arte, que também são potências criadoras, criam outras coisas, e não conceitos.

Talvez a melhor definição de conceito na visão de Deleuze e Guattari seja a de que o conceito é um *dispositivo*, para usar o termo de Foucault, ou um *agenciamento*, para ficar com um termo próprio a nossos autores. O conceito é um operador, algo que faz acontecer, que produz. O conceito não é uma opinião; como veremos adiante, o conceito é mais propriamente uma forma de reagir à opinião generalizada. Souza Dias escreveu que:

> O conceito não é uma opinião, nem a opinião "verdadeira" dialecticamente formada nem a arqui-opinião de uma subjetividade universal constituinte: nem Doxa racional nem Ur-doxa transcendental. Antes é um operador muito preciso, muito específico, em si mesmo indiscutível, válido apenas pela *fecundidade eventual de seus efeitos paradoxais*, ou seja, por aquilo que, em domínios heterogéneos, ele faz pensar, ver e até sentir o que sem ele continuaria impensado, invisível, insensível, precisamente porque o que ele revela, o que só ele pode revelar, é por natureza incaptável no horizonte real-vivido das opiniões. Pragmatismo intrínseco da

---

[38] Ibidem, p. 37.

noção filosófica, do conceito-paradoxo. O conceito intervém, pois, reagindo sobre as opiniões, sobre os fluxos ordinários de ideias, criando "pregnâncias" inéditas, novas singularidades ou um novo sistema de pontos singulares, propondo uma redistribuição inesperada dos dados, uma reclassificação insólita e todavia "iluminadora" das coisas e dos seres, aproximando coisas que se supunha afastadas, afastando outras que se supunha próximas. Só a filosofia detém esta capacidade, esta força selvagem do conceito, mesmo se o exclusivo dessa função criativa não lhe outorga nenhum privilégio ou preeminência, visto haver outros modos de idear e de criar, como a ciência e a arte, que não passam pelo conceito.[39]

Assim, o conceito não deve ser procurado, pois não está aí para ser encontrado. O conceito não é uma "entidade metafísica", ou um "operador lógico", ou uma "representação mental". O conceito é um dispositivo, uma ferramenta, algo que é inventado, criado, produzido, a partir das condições dadas e que opera no âmbito mesmo destas condições. O conceito é um dispositivo que faz pensar, que permite, de novo, pensar. O que significa dizer que o conceito não indica, não aponta uma suposta verdade, o que paralisaria o pensamento; ao contrário, o conceito é justamente aquilo que nos põe a pensar. Se o conceito é produto, ele é também produtor: produtor de novos pensamentos, produtor de novos conceitos; e, sobretudo, produtor de acontecimentos, na medida em que é o conceito que recorta o acontecimento, que o torna possível.

Há, portanto, um estatuto pedagógico do conceito, que delimita as possibilidades de sua criação: uma multiplicidade de elementos que ganham sentido com o movimento de articulação que o mecanismo de conceituação promove. O conceito é um amálgama de elementos singulares que se torna uma nova singularidade, que produz/cria uma nova significação.

> O conceito é o contorno, a configuração, a constelação de um acontecimento por vir [...] O conceito é evidentemente

---

[39] DIAS, Souza. *Lógica do acontecimento – Deleuze e a Filosofia*. Porto: Afrontamento, 1995, p. 32.

conhecimento, mas conhecimento de si, e o que ele conhece, é o puro acontecimento, que não se confunde com o estado de coisas no qual se encarna. Destacar sempre um acontecimento das coisas e dos seres é a tarefa da filosofia quando cria conceitos, entidades. Erigir o novo evento das coisas e dos seres, dar-lhes sempre um novo acontecimento: o espaço, o tempo, a matéria, o pensamento, o possível como acontecimentos...[40]

Tal multiplicidade é possível porque, como mostram Deleuze e Guattari, a produção de conceitos na Filosofia dá-se por meio da *imanência*, enquanto que o conhecimento mítico-religioso opera pela transcendência – "o filósofo opera um vasto sequestro da sabedoria, ele a põe a serviço da imanência pura"[41]; o trabalho filosófico dá-se pela delimitação de um *plano de imanência*, sobre o qual são gerados os conceitos.

A noção de plano de imanência é fundamental para a criação filosófica, pois o plano é o solo e o horizonte da produção conceitual. Não podemos confundir plano de imanência com conceito, embora um dependa do outro (só há conceitos no plano e só há plano povoado por conceitos): "os conceitos são acontecimentos, mas o plano é o horizonte dos acontecimentos".[42] Bento Prado Júnior explicou bem essa noção:

> O plano de imanência é essencialmente um *campo* onde se produzem, circulam e se entrechocam os conceitos. Ele é sucessivamente definido como uma atmosfera (quase como o *englobante* de Jaspers, que mais tarde Deleuze vai recusar), como informe e fractal, como horizonte e reservatório, como um meio indivisível ou impartilhável. Todos esses traços do plano de imanência, somados, parecem fazer da filosofia de Deleuze uma 'filosofia de campo' – num sentido parecido àquele em que se fala das 'psicologias de campo', como a propósito da "Gestaltpsycologie". Mas um campo infinito (ou um horizonte infinito) e virtual.[43]

---

[40] Ibidem, p. 46.

[41] Ibidem, p. 61.

[42] Ibidem, p. 52.

[43] PRADO JÚNIOR, B. A Ideia de Plano de Imanência. *Folha de S. Paulo*, Caderno Mais!, 08/06/97, p. 5-6 a 5-8.

Enquanto solo da produção filosófica, o plano de imanência deve ser considerado como pré-filosófico. Aqui poderia ser traçado um paralelo – desde que guardadas as devidas proporções, já que não estão tratando da mesma questão – com a noção de *episteme* que Foucault desenvolve em *Les Mots et les Choses*, como o solo sobre o qual brotam os saberes produzidos em cada época histórica;[44] entretanto, na concepção foucaultiana há apenas uma episteme em cada época histórica, enquanto que para Deleuze, como veremos em seguida, podem coexistir múltiplos planos de imanência.

O plano de imanência remete também para a relação da filosofia com o não filosófico, pois não basta que haja uma explicação filosófica da filosofia, é necessário também que haja uma explicação para os leigos, para os não iniciados. Dizer que o plano de imanência é pré-filosófico não significa, porém, que ele seja *anterior* à filosofia, mas que ele é uma condição interna e necessária para que a filosofia exista. Logo, plano de imanência e conceito surgem juntos, um implicando necessariamente o outro: "A filosofia é, ao mesmo tempo, criação de conceito e instauração do plano. O conceito é o começo da filosofia, mas o plano é sua instauração."[45] O início da filosofia é a criação de conceitos (filogeneticamente – história da filosofia, e ontogeneticamente – aparecimento de cada filósofo singular) mas, no próprio momento em que se criam os conceitos há a instauração de um plano de imanência que, a rigor, é a instauração da própria filosofia, pois se assim não fosse os conceitos criados ficariam perdidos no vazio.

Alguns filósofos criam seus próprios planos, enquanto outros conceitualizam no contexto de planos já delimitados – por exemplo, os neoplatônicos, os neokantianos etc. – podendo existir, ao mesmo tempo, múltiplos planos de imanência que se opõem, se complementam ou mesmo são indiferentes entre si, convivendo todos numa simbiose rizomática:

---

[44] Ver meu artigo O conceito de épistemê e sua arqueologia em Foucault. MARIGUELA, M. (Org.). *Foucault e a destruição das evidências*. Piracicaba: Editora Unimep, 1995.

[45] DELEUZE e GUATTARI, op. cit., p. 58.

O plano de imanência toma do caos determinações, com as quais faz seus movimentos infinitos ou seus traços diagramáticos. Pode-se, deve-se então supor uma multiplicidade de planos, já que nenhum abraçaria todo o caos sem nele recair, e que todos retêm apenas movimentos que se deixam dobrar juntos [...] Cada plano opera uma seleção do que cabe de direito ao pensamento, mas é essa seleção que varia de um para outro. Cada plano de imanência é Uno-Todo: não é parcial, como um conjunto científico, nem fragmentário, como os conceitos, mas distributivo, é um 'cada um'. O plano de imanência é *folhado*.[46]

Imersos no *tempo filosófico* que não é o do antes e do depois, os vários planos podem coexistir:

> É verdade que camadas muito antigas podem ressurgir, abrir um caminho através das formações que as tinham recoberto e aflorar diretamente sobre a camada atual, à qual elas comunicam uma nova curvatura. Mais ainda, segundo as regiões consideradas, as superposições não são forçosamente as mesmas e não têm a mesma ordem. O tempo filosófico é assim um grandioso tempo de coexistência, que não exclui o antes e o depois, mas os *superpõe* numa ordem estratigráfica. É um devir infinito da filosofia, que atravessa sua história, mas não se confunde com ela. A vida dos filósofos, e o mais exterior de sua obra, obedece a leis de sucessão ordinária; mas seus nomes próprios coexistem e brilham, seja como pontos luminosos que nos fazem repassar pelos componentes de um conceito, seja como os pontos cardeais de uma camada ou de uma folha que não deixam de visitar-nos, como estrelas mortas cuja luz é mais viva que nunca. A filosofia é devir, não história; ela é coexistência de planos, não sucessão de sistemas.[47]

Um terceiro elemento completa a definição da filosofia como criação de conceitos: o personagem conceitual. Cada filósofo cria "personagens", à maneira de heterônimos, que são os sujeitos da criação conceitual. Em alguns filósofos isso é mais explícito, em outros é mais velado. Podemos tomar Platão como exemplo: Sócrates é o personagem que ele cria para, em seus diálogos, criar e expor os seus conceitos, enquanto outros personagens expõem

---

[46] Ibidem, p. 68.
[47] Ibidem, p. 78.

as opiniões, as ideias correntes da época ou mesmo conceitos de outras filosofias. Nietzsche é emblemático dessa prática, é onde ela se escancara: Dioniso, Zaratustra, O Crucificado, o AntiCristo... Mas há também os casos em que o filósofo não inventa heterônomos: ele é o personagem de si mesmo. Mas é sempre o personagem o criador dos conceitos. Como mostrou Foucault em sua conferência intitulada "O que é um autor?", apresentada à Sociedade Francesa de Filosofia em 1969, o autor de um texto é uma ficção, uma função-autor, não uma "mônada subjetiva" que se coloque para além da obra produzida.[48] É essa função-autor trabalhada por Foucault que, no caso da filosofia, Deleuze e Guattari chamam de personagem conceitual. O filósofo René Descartes, por exemplo, foi um personagem criado pelo homem René Descartes; e foi esse personagem que criou os seus conceitos.

Esses personagens conceituais "operam os movimentos que descrevem o plano de imanência do autor, e intervêm na própria criação de seus conceitos".[49] É o personagem conceitual, o heterônimo, portanto, que acaba sendo o sujeito da filosofia, é ele quem manifesta "os territórios, desterritorializações e reterritorializações absolutas do pensamento".[50]

A filosofia é então constituída por essas três instâncias correlacionais: o plano de imanência que ela precisa *traçar*, os personagens filosóficos que ela precisa *inventar* e os conceitos que deve *criar*. Esses são os três verbos constituintes do ato filosófico, e não contemplar, refletir e comunicar, conforme já comentado. Portanto, uma filosofia deve ser examinada pelo que ela produz e pelos efeitos que causa. Os conceitos filosóficos não são válidos na medida em que sejam *verdadeiros*, mas na medida em que são *importantes* e *interessantes*.[51] Assim, "um grande personagem romanesco

---

[48] FOUCAULT, Michel. O que é um autor? In: *Ditos e escritos* – v. 3. Rio de Janeiro: Forense Universitária, 2001.

[49] Ibidem, p. 85.

[50] Ibidem, p. 92.

[51] Cf. DELEZE e GUATTARI, op. cit., p. 107 e seguintes.

deve ser um Original, um Único, como dizia Melville; um personagem conceitual também. Mesmo antipático, ele deve ser notável; mesmo repulsivo, um conceito deve ser interessante."[52]

Vejamos aqui o eco de Nietzsche: a filosofia não lida com verdades, com objetividades; a filosofia deve, sim, estar preocupada com a multiplicidade, com as distintas perspectivas, com os "múltiplos olhos" que podem nos possibilitar um conhecimento mais completo e mais complexo. E o conceito é esse dispositivo diferenciador, que faz multiplicar as relações, que faz proliferar os pensamentos, na mesma medida em que o levedo faz fermentar a cerveja. O conceito é um catalisador, um fermento, que a um só tempo faz multiplicar e crescer as possibilidades de pensamento. Por isso cabe a ele ser interessante, mas não necessariamente verdadeiro.

Se não cabe ao conceito ser verdadeiro, ele também não está para ser compreendido. Não nos importa se compreendemos ou não um determinado conceito; importa que ele seja ou não operativo para nosso pensamento; importa que ele nos faça pensar, em lugar de paralisar o pensamento. Importa que tenhamos afinidade com um certo conceito, afinidade que se produz pelo fato de ele agenciar em nós mesmos certas possibilidades. Na obra que escreveu com Claire Parnet, Deleuze diz que hoje devemos ler um livro como escutamos um disco: se gostamos, se a música nos toca de alguma maneira, se produz em nós efeitos, intensidades, afetos, seguimos ouvindo e ouvimos mais e mais; mas se a música não nos toca, não nos afeta, ou se nos afeta negativamente, abandonamos o disco, desligamos o rádio ou mudamos de estação. O mesmo deve se dar com os conceitos:

> Não há questão alguma de dificuldade nem de compreensão: os conceitos são exatamente como sons, cores ou imagens, são intensidades que lhes convêm ou não, que passam ou não passam. Pop'filosofia, não há nada a compreender, nada a interpretar.[53]

---

[52] Ibidem, p. 108.
[53] DELEUZE, Gilles et PARNET, Claire. *Dialogues*, op. cit., p. 10 (p. 12 na tradução brasileira).

Assim como na arte, cabe a cada filósofo criar seu estilo, sua maneira própria de ver o mundo e fazer ver o mundo, sua forma de criar uma linguagem dentro da linguagem. E isso leva tempo; é preciso muita experimentação, anos a fio de dedicação, para que se possa começar a pôr suas próprias cores, singularizar. Certa vez, numa exposição de gravuras de Picasso, li a seguinte frase sua: "eu quis ser pintor, e tornei-me Picasso". Parece ser disso que fala Deleuze: para ser filósofo é preciso singularizar, destacar-se, criar seu estilo próprio. Mas assim como Picasso não se fez da noite para o dia, também para a construção de um filósofo são necessários anos de dedicação. Nas entrevistas do *Abecedário*, Deleuze afirma que seria muita pretensão alguém dizer: quero ser filósofo, e sair criando conceitos. Pretensão e leviandade. Sim, é preciso criar os próprios conceitos, desenvolver o próprio estilo; mas isso depois de uma longa jornada...

Deleuze e Guattari afirmam que vivemos sob o império da opinião. Assim como na época de Platão os gregos eram dominados pela *doxa*, pelas aparências sensíveis, e só a filosofia poderia mostrar o verdadeiro mundo, também nós, dominados pelas mídias e pela literatura *best-seller*, estamos condenados às opiniões e às fáceis certezas daqueles que "tudo sabem". A opinião luta contra o caos que é a multiplicidade de possibilidades; incapaz de viver com o caos, sentindo-se tragada por ele, a opinião tenta vencer o caos, fugindo dele, impondo o "pensamento único". Mas essa fuga é apenas aparente; o caos contínua aí, sub-repticiamente jogando dados com nossas vidas. O que importa não é nem vencer o caos nem fugir dele, mas conviver com ele e dele tirar possibilidades criativas.

Há três ordens de saberes que mergulham e recortam o caos, produzindo significações: a *filosofia*, que cria conceitos; a *arte*, que cria afetos, sensações; e a *ciência*, que cria conhecimentos. Cada uma é irredutível às outras e elas não podem ser confundidas, mas há um diálogo de complementaridade, uma interação transversal entre elas. Cada uma delas, à sua maneira, é um esforço de luta contra o caos de nossas ideias, um esforço de se conseguir um mínimo de ordem. Cada uma delas é uma reação contra a *opinião*, que nos promete o impossível: vencer o caos. Só a morte vence o caos, só não há caos quando já não há nada. A opinião não gosta da multiplicidade, ela busca apenas um sempre-eterno consenso, o reinado do Mesmo, do Absoluto. Para a opinião, é necessário que o pensamento esteja sempre de acordo com as coisas, com a "realidade"; o pensamento não pode, jamais, virtualizar, criar... Em nome da ordem, a opinião quer proteger-nos do caos, fugindo dele, tendo a ilusão de que o domina, de que o vence. Mas o mesmo não se dá com a arte, a ciência e a filosofia.

> Mas a arte, a ciência, a filosofia exigem mais: traçam planos sobre o caos. Essas três disciplinas não são como as religiões, que invocam dinastias de deuses, ou a epifania de um deus único, para pintar sobre o guarda-sol um firmamento, como as figuras de uma Urdoxa de onde derivam nossas opiniões. A filosofia, a ciência e a arte querem que rasguemos o firmamento e que mergulhemos no caos. Só o venceremos a esse preço. Atravessei três vezes o Aqueronte como vencedor. O filósofo, o cientista, o artista parecem retornar do país dos mortos.[54]

De volta do caos, do mundo dos mortos, o filósofo traz *variações* conceituais, o cientista traz *variáveis* funcionais e o artista traz *variedades* afetivas. Todas as três figuras – a do filósofo, a do cientista e a do artista –, cada uma de seu modo, contribuem, portanto, para que a multiplicidade seja possível, para que as singularidades possam brotar e para que não sejamos sujeitados a viver sob a ditadura do Mesmo, que é o que busca nos impor a opinião, por meio da literatura pasteurizada, das mídias homogeneizantes e mesmo de certas "filosofias" que, longe de buscar a criação de conceitos, contentam-se em ficar numa "reflexão sobre...". Lutando com o caos, filosofia, ciência e arte aprendem que, de fato, não é ele o real inimigo: "diríamos que a luta *contra o caos* implica afinidade com o inimigo, porque uma outra luta se desenvolve e toma mais importância, contra a opinião que, no entanto, pretendia nos proteger do próprio caos".[55] A batalha

---

[54] Ibidem, p. 260.
[55] Ibidem, p. 261.

contra a opinião é a mais importante, "pois é da opinião que vem a desgraça dos homens".[56]

A filosofia é, pois, um esforço de luta contra a opinião, que se generaliza e nos escraviza com suas respostas apressadas e soluções fáceis, todas tendendo ao mesmo; e luta contra a opinião criando conceitos, fazendo brotar acontecimentos, dando relevo para aquilo que em nosso cotidiano muitas vezes passa desapercebido. A filosofia é um esforço criativo.

---

[56] Ibidem, p. 265.

DESLOCAMENTOS.
DELEUZE E A EDUCAÇÃO

O que teria Deleuze a dizer à Educação, enquanto campo de produção de saberes? Ou melhor, o que é possível de ser dito sobre Educação, a partir de Deleuze? Como afirmei na Introdução deste livro, Deleuze não foi um filósofo da educação, não se dedicou a problemas relativos à educação senão de forma muito marginal, na medida em que sempre ganhou a vida como professor de Filosofia e, de alguma maneira, tinha esses problemas de educação em seu horizonte. Mas esse horizonte foi mantido longínquo; foi com outros problemas que Deleuze se preocupou, foi de outros problemas que ele se ocupou.

Não tenho, pois, a pretensão de colocar na boca de Deleuze coisas que ele não disse, nem de colocar em seus textos coisas que ele não escreveu. O que pretendo desenvolver aqui é uma demonstração da fecundidade do pensamento de Deleuze para nos fazer pensar a educação, para nos permitir pensar, de novo, a educação. Não se trata, portanto, de apresentar "verdades deleuzeanas sobre problemas educacionais". De verdades – falsas verdades, diga-se de passagem – e de certezas – também falsas – a doxografia educacional recente está repleta. Trata-se, ao contrário, de propor exercícios de pensamento, exercícios que, por sua vez, nos façam pensar ainda mais. Exercícios de pensamento que implicam um devir, um processo, um movimento. Pensar a educação como acontecimento, como conjunto de acontecimentos.

Pretendo operar por *deslocamentos*. Tomar conceitos de Deleuze e deslocá-los para o campo, para o plano de imanência que é a educação. Ou, em outras palavras, desterritorializar conceitos da obra de Deleuze e de Deleuze & Guattari, para reterritorializá-los no campo da educação. Penso que essa atividade pode ser bastante interessante e produtiva (em sentido deleuzeano), na medida em que esses conceitos passam a ser dispositivos, agenciamentos, intercessores para pensar os problemas educacionais, dispositivos para produzir diferenças e diferenciações no plano educacional, não como novos modismos, ou repito, o anúncio de novas verdades, que sempre nos paralisam, mas como abertura de possibilidades, incitação, incentivo à criação.

Operarei quatro deslocamentos: um exercício de pensar a *Filosofia da Educação* na perspectiva criativa da filosofia posta por Deleuze & Guattari; um exercício de pensar uma *Educação menor*, a partir do conceito de "literatura menor" criado por eles; uma aplicação do conceito de *rizoma* para pensar as questões do currículo e da organização educacional; por fim, uma discussão em torno das decorrências e implicações daquilo que Deleuze chamou de "*sociedades de controle*" para os problemas educacionais contemporâneos.

Esses deslocamentos não têm pretensão alguma de esgotar os temas. São possibilidades em meio a muitas outras. São possibilidades que me têm feito pensar e que, espero, podem também disparar o pensamento em alguns leitores.

Deslocamento 1.
A Filosofia da Educação como criação conceitual

Na tradição da filosofia da educação no Brasil tem sido comum entendê-la como uma "reflexão sobre os problemas educacionais". Na visão de Deleuze, com a qual concordo, nada mais pobre e reducionista para a filosofia da educação do que tomá-la como reflexão sobre a educação. Vejamos a crítica geral de Deleuze, facilmente extensível à filosofia da educação:

> Sempre que se está numa época pobre, a filosofia se refugia na reflexão "sobre"... Se ela mesma nada cria, o que poderia fazer, senão refletir sobre? Então reflete sobre o eterno, ou sobre o histórico, mas já não consegue ela própria fazer o movimento.

De fato, o que importa é retirar do filósofo o direito à reflexão "sobre". O filósofo é criador, ele não é reflexivo.[1]

Poderíamos incluir na lista citada: em épocas de penúria para a filosofia, ela refugia-se na reflexão sobre a educação... Mas refletir sobre a educação seria específico da filosofia? Cada educador não deve ele mesmo refletir sobre sua prática educativa? Indo além: cada educando não deve também refletir sobre a educação sob a qual padece? E mais longe ainda: não deve cada indivíduo de um grupo social refletir sobre a educação que essa sociedade produz?

Alguém poderia objetar que embora a reflexão sobre a educação não seja específica da filosofia e que todos devam, de fato, dedicar-se a ela, quando o filósofo reflete sobre a educação – e também sobre outros objetos – ele o faz de forma especial – por meio de uma reflexão radical, rigorosa e totalizante. Com Deleuze, responderia que a reflexão pode, sim, ser um *instrumento* da filosofia para criar conceitos, sua tarefa primordial, mas isso não significa que a reflexão (seja ela de que forma for) seja especificamente filosófica, nem que a filosofia por isso se defina como essencialmente reflexiva. Pondo-nos a serviço da filosofia (da boa filosofia!) e da educação (da boa educação!), é necessário, portanto, que combatamos a noção de filosofia da educação como reflexão sobre a educação. Ela deve ser muito mais do que isso.

Mas uma outra perspectiva de filosofia da educação é comum entre nós: a de situá-la como um dos *fundamentos da educação*. Assim entendida, da filosofia da educação se espera que forneça as bases sobre as quais um processo educativo deva se sustentar. E o que faz a filosofia da educação para cumprir tal tarefa? Ora, em geral, parte em busca dos conceitos produzidos por filósofos ao longo da história, para sobre eles erigir um saber educacional. Ou então procura resgatar o que os filósofos já pensaram sobre

---

[1] DELEUZE, Gilles. *Pourparlers*. Paris: Les Éditions de Minuit, 1990, p. 166 (na tradução brasileira, de Peter Pál Pelbart, *Conversações*. Rio de Janeiro: Ed. 34, 1992, p. 152).

a Educação, como subsídio para os dias de hoje. Será profícua essa atividade? Ouçamos a Deleuze.

> Não fazemos nada de positivo, mas também nada no domínio da crítica ou da história, quando nos contentamos em agitar velhos conceitos estereotipados como esqueletos destinados a intimidar toda criação, sem ver que os antigos filósofos, de que são emprestados, faziam o que já se queria impedir os modernos de fazer: eles criavam seus conceitos e não se contentavam em limpar, em raspar os ossos, como o crítico ou o historiador de nossa época. Mesmo a história da filosofia é inteiramente desinteressante, se não se propuser a despertar um conceito adormecido, a relançá-lo numa nova cena, mesmo a preço de voltá-lo contra ele mesmo.[2]

Eu ousaria dizer, parafraseando: nada faremos pela Educação, se nos limitarmos a repetir velhos conceitos fora de contexto, a raspar esses ossos como cães famintos... Assim a filosofia da educação torna-se algo totalmente desinteressante, cada vez mais despontecializada.

A Educação, enquanto campo de saberes, não raramente pode ser vista como uma arena de opiniões. Um campo que poderia primar pela multiplicidade, já que é atravessado transversalmente pela filosofia, pelas diversas ciências, pela arte, tem historicamente buscado uma identidade única, sob o argumento de tornar-se científico, sucumbindo a esta vontade de verdade, a este mito moderno, criado pelo positivismo. Nesta terra caótica que é o platô Educação, loteada e povoada por metodólogos, sociólogos, filósofos, psicólogos, historiadores, cientistas políticos, além dos chamados "especialistas em educação", grassa a opinião, que se arvora em defensora contra o caos. Estão todos à procura de novidades, estão em busca da "identidade" da Educação. Mas quanto mais prolifera a opinião, dando a ilusão de que se foge do caos, mais ele nos enreda e nos lança na direção de um buraco negro, de onde já não será possível escapar.

---

[2] Ibidem, p. 109.

Pondo-nos a serviço da boa filosofia e da boa educação, devemos buscar uma nova filosofia da educação, e parece-me que a inspiração deleuziana é bastante interessante. O filósofo da educação deve ser um criador de conceitos. Mas o que o diferencia dos demais filósofos? Absolutamente nada, a não ser seu mergulho no território da Educação, que nem todo filósofo pode ou deseja fazer.

Se o que importa é resgatar o *filósofo criador* (de resto, a única possibilidade para que ele seja de fato filósofo), então o filósofo da educação deve ser aquele que cria conceitos e que instaura um plano de imanência que corte o campo de saberes educacionais. Uma filosofia da educação, nesta perspectiva, seria resultado de uma dupla instauração, de um duplo corte: o rasgo no caos operado pela filosofia e o rasgo no caos operado pela educação. Ela seria resultante de um cruzamento de planos: plano de imanência da filosofia, plano de composição da educação enquanto arte, múltiplos planos de prospecção e de referência da educação enquanto ciência(s).

O que significa instaurar um plano de imanência que atravesse transversalmente o campo educacional, criando conceitos que digam respeito a ele? O filósofo da educação deve ter intimidade com os problemas educacionais, sentir-se tocado por eles, senti-los na pele; isso não significa que ele deva necessariamente ser íntimo da doxografia educacional – o conjunto de opiniões sobre educação – já que sua tarefa primeira é justamente combater tal doxografia, resgatando o que há de consistência sem perder o infinito do platô Educação.[3] Sendo um habitante ou um visitante desse platô, conhecendo seu panorama, o filósofo está apto a reagir aos problemas que ele suscita. Trata-se, então, de aplicar a eles, problemas educacionais, o instrumental filosófico. Instaurar, inventar, criar... Um plano de imanência circunscrito pelos e circunscritor dos problemas educacionais; um personagem

---

[3] "O problema da filosofia é de adquirir uma consistência sem perder o infinito no qual o pensamento mergulha [...]". DELEUZE e GUATTARI, op. cit., p. 59.

conceitual comprometido com a educação e que caminhe por suas vielas; conceitos que ressignifiquem tais problemas e os tornem em acontecimentos, que os façam ganhar consistência.

Em outras palavras, a tarefa do filósofo da educação é a de pensar filosoficamente questões colocadas pelo plano de imanência que atravessa transversalmente o campo de saberes em que se constitui a educação. Mas que entendamos bem: os problemas colocados por tal plano de imanência tendem ao infinito; eles não estão circunscritos apenas à Educação. Isto é, os problemas de que trata a filosofia, suscitados pela educação, não são exclusivamente educacionais, mas muito mais abrangentes; se não fosse assim, teríamos novamente a filosofia da educação como uma "reflexão sobre a educação". Desta maneira, o filósofo da educação é, antes de qualquer coisa, filósofo. É um pensador, um criador de conceitos que dão consistência a acontecimentos no campo educacional, sem perder a infinitude do caos no qual mergulha, já que é esse infinito o que permite a criatividade, que permite que conceitos sempre novos possam brotar no plano de imanência.

Mas não é difícil perceber que um tal filósofo da educação não seria lá muito bem visto; afinal, "pensar suscita a indiferença geral. E todavia não é falso dizer que é um exercício perigoso. É somente quando os perigos se tornam evidentes que a indiferença cessa, mas eles permanecem frequentemente escondidos, pouco perceptíveis, inerentes à empresa".[4]

Pensar filosoficamente a educação pode ser perigoso – tomemos em conta o que a criação de conceitos pode desvelar, as multiplicidades que podem ser colocadas em jogo, as interconexões que podem ser produzidas – mas produz uma indiferença generalizada. Não é justamente isso que encontramos em muitos alunos? E, pior, em muitos colegas docentes, em muitos burocratas dos órgãos públicos e privados ligados à educação, e mesmo na sociedade como um todo? Qual a importância e repercussão que publicações de filosofia da educação têm no Brasil hoje, mesmo no meio acadêmico?

---

[4] DELEUZE e GUATTARI, op. cit., p. 58.

É urgente, portanto, que busquemos uma filosofia da educação criativa e criadora, que não seja tão inócua. Ela deve ser perigosa, deve ser o *veneno* e o *remédio*. É necessário que corramos o risco, que mergulhemos nesse caos povoado de opiniões. Nas margens do Aqueronte, não podemos titubear, com medo de não conseguir voltar do mundo dos mortos. O mundo dos mortos é aqui, quando sucumbimos à opinião generalizada. Precisamos do mergulho no caos, precisamos das águas do Aqueronte para, nelas, reencontrar a criatividade. Só criando conceitos, assumindo uma feição verdadeiramente filosófica é que a filosofia da educação poderá ter um futuro promissor, no Brasil ou em outro lugar qualquer.

Deslocamento 2.
Uma "educação menor"

Na bela obra que escreveram sobre Kafka, Deleuze e Guattari afirmaram que é preciso "escrever como um cão que faz seu buraco, um rato que faz sua toca. E, para isso, encontrar seus próprios pontos de subdesenvolvimento, seu próprio patoá, seu próprio terceiro mundo, seu próprio deserto".[5] E se nos pusermos a pensar em educar como um cão que cava seu buraco, um rato que faz sua toca? No deserto de nossas escolas, na solidão sem fim – mas superpovoada – de nossas salas de aula não seremos, cada um de nós, cães e ratos cavando nossos buracos?

O filósofo e cientista político italiano Antonio Negri, que trabalhou e escreveu tanto com Deleuze quanto com Guattari, quando de seu exílio na França, tem afirmado que já não vivemos um tempo de profetas, mas um tempo de militantes; tal afirmação é feita no contexto dos movimentos sociais e políticos: hoje, mais importante do que anunciar o futuro, parece ser produzir cotidianamente o presente, para possibilitar o futuro. Se deslocarmos tal ideia para o campo da educação, não fica difícil falarmos num professor-profeta, que, do alto de sua sabedoria, diz aos outros o que deve ser feito. Mas, para além do

---

[5] DELEUZE, Gilles e GUATTARI, Félix. *Kafka – Por uma literatura menor*. Rio de Janeiro: Imago, 1977, p. 28-29.

professor-profeta, hoje deveríamos estar nos movendo como uma espécie de professor-militante, que, de seu próprio deserto, de seu próprio terceiro mundo, opera ações de transformação, por mínimas que sejam.

> Hoje não há mais profeta capaz de falar do deserto e de contar o que sabe de um povo porvir, por construir. Só há militantes, ou seja, pessoas capazes de viver até o limite a miséria do mundo, de identificar as novas formas de exploração e sofrimento, e de organizar, a partir dessas formas, processos de libertação, precisamente porque têm participação ativa em tudo isso. A figura do profeta, seja ela a dos grandes profetas do tipo Marx ou Lênin, está ultrapassada por completo. Hoje, resta-nos apenas essa construção ontológica e constituinte "direta", que cada um de nós deve vivenciar até o limite [...]. Creio, portanto, que na época do pós-moderno e na medida que o trabalho material e o trabalho imaterial já não se opõem, a figura do profeta – ou seja, a do intelectual – está ultrapassada porque chegou a ser total acabamento; e é nesse momento que a militância se torna fundamental. Precisamos de pessoas como aqueles sindicalistas norte-americanos do começo do século, que pegavam um trem para o Oeste e que, a cada estação atravessada, paravam para fundar uma célula, uma célula de luta. Durante toda a viagem, eles conseguiam trocar suas lutas, seus desejos, suas utopias. Mas também precisamos ser como São Francisco de Assis, ou seja, realmente pobres: pobres, porque é somente nesse nível de solidão que podemos alcançar o paradigma da exploração hoje, que podemos captar-lhe a chave. Trata-se de um paradigma "biopolítico", que atinge tanto o trabalho quanto a vida ou as relações entre as pessoas. Um grande recipiente cheio de fatos cognitivos e organizacionais, sociais, políticos e afetivos...[6]

Usando essa ideia de Negri, proponho que pensemos o que seria o *professor profeta* e o que seria o *professor militante*. No âmbito da modernidade, parece-me que podemos dizer que o professor crítico, o professor consciente das suas relações sociais, de seu papel político, agiria como um professor-profeta. Como

---

[6] NEGRI, Antonio., *Exílio*. São Paulo: Iluminuras, 2001, p. 23-24.

alguém que, vislumbrando a possibilidade de um novo mundo, fazia a crítica do presente e procurava apresentar, então, a partir da crítica do presente, a possibilidade de um mundo novo. O professor-profeta é alguém que anuncia as possibilidades, alguém que mostra um mundo novo.

Por outro lado, podemos pensar no professor militante. Qual o sentido hoje desse professor militante, o que seria ele? Penso que seria não necessariamente aquele que anuncia a possibilidade do novo, mas sim aquele que procura viver as situações e dentro dessas situações vividas *produzir a possibilidade do novo*. Nesse sentido, o professor seria aquele que procura viver a miséria do mundo, e procura viver a miséria de seus alunos, seja ela qual miséria for, porque necessariamente miséria não é apenas uma miséria econômica; temos miséria social, temos miséria cultural, temos miséria ética, miséria de valores. Mesmo em situações em que os alunos não são nem um pouco miseráveis do ponto de vista econômico, certamente eles experimentam uma série de misérias outras. O professor militante seria aquele que, vivendo com os alunos o nível de miséria que esses alunos vivem, poderia, de dentro desse nível de miséria, de dentro dessas possibilidades, buscar construir coletivamente.

Essa é a chave da ação do militante. Sempre uma *construção coletiva*. Talvez o profeta seja mais aquele que anuncia do ponto de vista individual. Mas o militante tem sempre uma ação coletiva; a ação do militante nunca é uma ação isolada. Então, o professor militante seria aquele que, vivendo as misérias dos alunos ou as misérias da situação social da qual ele participa, procuraria, coletivamente, ser um vetor da produção de superação, de condições de superação dessa miséria, ser um vetor de libertação, de possibilidades de libertação. Se o professor-profeta é aquele que age individualmente para mobilizar multidões, o professor militante é aquele que age coletivamente, para tocar a cada um dos indivíduos.

Essa luta cotidiana de construção de possibilidades de libertação é uma luta que deve dar-se em diversos ângulos e em diversos níveis. Ela deve dar-se no ângulo do cotidiano da sala de aula, ela deve dar-se nas relações que o professor trava com seus colegas no ambiente de trabalho, ela deve dar-se com as relações que o professor trava no seu ambiente social, mais amplo, mais geral, e ela deve dar-se também nas relações que o professor trava na luta sindical.

Como produzir essa militância, que é ao mesmo tempo uma militância que se dá em sala de aula, que se dá no local de trabalho, que se dá na relação com o sindicato, ou seja, na relação da sua classe produzindo cultura, produzindo política, produzindo educação, já que essa é a nossa ferramenta? Em outros termos, a questão é: como pensar e produzir, nesse início de século XXI, uma educação revolucionária, por mais *démodé* que isso possa parecer?

Na obra *Kafka – por uma literatura menor*, Gilles Deleuze e Félix Guattari criaram o conceito de *literatura menor*, como dispositivo para analisar a obra de Franz Kafka. Os escritos do judeu tcheco são apresentados como revolucionários, por operarem uma subversão da própria língua alemã, da qual se apropriou Kafka. Minha pretensão neste capítulo é a de promover um exercício de deslocamento conceitual: deslocar esse conceito, operar com a noção de uma *educação menor*, como dispositivo para pensarmos a educação, sobretudo aquela que praticamos no Brasil em nossos dias. Insistir nessa coisa meio fora de moda, de buscar um processo educativo comprometido com transformações no *status quo*; insistir nessa coisa de investir num processo educativo comprometido com a singularização, comprometido com valores libertários. Em suma, buscar um devir-Deleuze na educação.

"Uma literatura menor não é a de uma língua menor, mas antes a que uma minoria faz em uma língua maior."[7] Assim Gilles Deleuze e Félix Guattari definem a categoria *literatura menor*, da qual se utilizam para estudar a obra de Kafka (um judeu tcheco que escreveu em alemão por causa da ocupação alemã na região). Literatura menor: subverter uma língua, fazer com que ela seja o veículo de desagregação dela própria.

---

[7] DELEUZE, Gilles e GUATTARI, Félix. *Kafka*, op. cit., p. 25.

Os dois pensadores franceses colocam três características principais a serem observadas, para que possamos identificar uma obra como literatura menor. A primeira dessas características é a *desterritorialização da língua*. Toda língua tem sua territorialidade, está em certo território físico, em certa tradição, em certa cultura. Toda língua é imanente a uma realidade. A literatura menor subverte essa realidade, desintegra esse real, nos arranca desse território, dessa tradição, dessa cultura. Uma literatura menor faz com que as raízes aflorem e flutuem, escapando desta territorialidade forçada. Ela nos remete a buscas, a novos encontros e novas fugas. A literatura menor nos leva sempre a novos agenciamentos.

Sua segunda característica é a *ramificação política*. Não que uma literatura menor traga necessariamente um conteúdo político expresso de forma direta, mas ela própria, pelo agenciamento que é, só pode ser política. Sua existência é política: seu ato de ser é antes de tudo um ato político em essência. Uma literatura maior, estabelecida, não é política, necessariamente. Até pelo contrário, pois comumente aparece-nos como um agenciamento apolítico (como se isso fosse realmente possível!). A literatura maior não se esforça por estabelecer elos, cadeias, agenciamentos, mas sim para desconectar os elos, para territorializar-se no sistema das tradições a qualquer preço e a toda força. Para a literatura menor, o próprio ato de existir é um ato político, revolucionário: um desafio ao sistema instituído.

A terceira característica das literaturas menores é talvez a mais difícil de entender e para se identificar, em alguns casos. Nas literaturas menores, tudo adquire um *valor coletivo*. Os valores deixam de pertencer e influenciar única e exclusivamente ao artista, para tomar conta de toda uma comunidade. Uma obra de literatura menor não fala por si mesma, mas fala por milhares, por toda a coletividade. Os agenciamentos são coletivos. Mesmo um agenciamento singular, fruto de um escritor, não pode ser visto como individual, pois o um que aí se expressa faz parte do *muitos*, e só pode ser visto como um se for identificado também como parte do todo coletivo. Não há sujeitos individuais, apenas agenciamentos coletivos. Isso é facilmente identificável literal e formalmente em certas obras, mas fica dificultado em certas outras, de cunho bastante introspectivo, e até autobiográfico. No entanto, com uma leitura atenciosa conseguiremos perceber que a paixão da personagem (ou do narrador) por aquela garota de pele rosada (ou pelo homem de tez mostarda etc.) remetem para além da singularidade que parecem ser à primeira vista, remetendo-se a todo um leque de problemas e inquietações da comunidade minoritária da qual o singular artista faz parte.

Podemos dizer, a título de exemplo, que as primeiras obras literárias escritas no Brasil após a colonização, por brasileiros, eram literatura menor, pois faziam da língua portuguesa (já com uma literatura maior estabelecida, tradicional) um uso novo, sob novos parâmetros, na busca de uma nova literatura "com o cheiro de nossa terra". À medida que o país se torna "independente", nossa literatura vai se desenvolvendo e acaba por se tornar, ela também, uma literatura maior, pois aquele uso novo que fazia do português deixa de ser inovador e vira tradição. Aparecem então, pontilhando nossa literatura com momentos de rara beleza, alguns "literatos menores". Entre vários deles, poderíamos lembrar Lima Barreto, na cidade do Rio de Janeiro do início do século XX, a atormentar nossa literatura da "Academia". Preto, pobre e homossexual, mais minoria que Lima é quase impossível de se conceber.

Desloquemo-nos agora para o campo educacional. Como conceber uma "educação maior", instituída, e uma "educação menor", máquina de resistência?

A educação maior é aquela dos planos decenais e das políticas públicas de educação, dos parâmetros e das diretrizes, aquela da constituição e da Lei de Diretrizes e Bases da Educação Nacional, pensada e produzida pelas cabeças bem-pensantes a serviço do poder. A educação maior é aquela instituída e que quer instituir-se, fazer-se presente, fazer-se acontecer. A educação maior é aquela dos grandes mapas e projetos.

Uma educação menor é um ato de revolta e de resistência. Revolta contra os fluxos instituídos, resistência às políticas impostas; sala de aula como trincheira, como a toca do rato, o buraco do cão. Sala de aula como espaço a partir do qual traçamos nossas estratégias, estabelecemos nossa militância, produzindo um presente e um futuro aquém ou para além de qualquer política educacional. Uma educação menor é um ato de singularização e de militância.

Se a educação maior é produzida na macropolítica, nos gabinetes, expressa nos documentos, a educação menor está no âmbito da micropolítica, na sala de aula, expressa nas ações cotidianas de cada um. Retomando a metáfora, o professor-profeta é o legislador, que enxerga um mundo novo e constrói leis, planos e diretrizes, para fazê-lo acontecer; o professor militante, por sua vez, está na sala de aula, agindo nas microrrelações cotidianas, construindo um mundo dentro do mundo, cavando trincheiras de desejo.

Examinemos agora as três características da literatura menor, deslocadas para uma educação menor.

A primeira característica é a da *desterritorialização*; se na literatura é a língua que se desterritorializa, na educação a desterritorialização é dos processos educativos. As políticas, os parâmetros, as diretrizes da educação maior estão sempre a nos dizer o que ensinar, como ensinar, para quem ensinar, por que ensinar. A educação maior procura construir-se como uma imensa máquina de controle, uma máquina de subjetivação, de produção de indivíduos em série. Não consigo aqui me livrar das fortes imagens do filme *The Wall*, de Alan Parker, quando sob os sons de *Another brick in the wall*, do Pink Floyd, a escola inglesa é mostrada como uma imensa máquina que transforma crianças em bonecos sem face e que pouco a pouco são triturados num imenso moedor de carne. Cada estudante é, nada mais, nada menos, do que um outro tijolo no muro; ou uma outra engrenagem na máquina.

Mas o princípio da educação maior como máquina de controle pressupõe que ao ensino corresponda uma aprendizagem. Essa certeza evidente, porém, pode ser não tão certa assim. No filme de Parker, as crianças se revoltam, quebram a máquina, cantando os versos *floydianos*: *we don't need no education/ we don't need no thought control/ no dark sarcasm in the classroom/ hey, teacher, live the kids alone!* [8] O exercício do poder gera resistência, já demonstrou Foucault; a tentativa de controle pode fugir a qualquer controle. É o que Deleuze, num texto mais antigo, nos alerta em relação à aprendizagem.

> Aprender vem a ser tão somente o intermediário entre não-saber e saber, a passagem viva de um ao outro. Pode-se dizer que aprender, afinal de contas, é uma tarefa infinita, mas esta não deixa de ser rejeitada para o lado das circunstâncias e da aquisição, posta para fora da essência supostamente simples do saber como inatismo, elemento *a priori* ou mesmo Ideia reguladora. E, finalmente, a aprendizagem está, antes de mais nada, do lado do rato no labirinto, ao passo que o filósofo fora da caverna considera somente o resultado – o saber – para dele extrair os princípios transcendentais.[9]

Aprender está para o rato no labirinto, está para o cão que escava seu buraco; está para alguém que procura, mesmo que não saiba o que e para alguém que encontra, mesmo que seja algo que não tenha sido procurado. E, neste aspecto, a aprendizagem coloca-se para além de qualquer controle. Nesta mesma obra, Deleuze havia escrito pouco antes o seguinte:

> Nunca se sabe de antemão como alguém vai aprender – que amores tornam alguém bom em Latim, por meio de que encontros se é filósofo, em que dicionários se aprende a pensar. Os limites das faculdades se encaixam uns nos outros sob a forma quebrada daquilo que traz e transmite a diferença. Não há método para encontrar tesouros nem para aprender, mas um violento adestramento, uma cultura ou *paideia* que percorre inteiramente todo o indivíduo (um albino em que nasce o ato de sentir na sensibilidade, um afásico em que nasce a fala na linguagem, um acéfalo em que nasce pensar no pensamento). O método é o meio de saber quem regula a colaboração de todas as

---

[8] Em tradução livre: *nós não precisamos de educação / nós não precisamos de controle do pensamento / não mais sarcasmos na sala de aula / professor, deixe as crianças em paz!*
[9] DELEUZE, Gilles. *Diferença e Repetição*, op. cit., p. 271.

faculdades; além disso, ele é a manifestação de um senso comum ou a realização de uma *Cogitatio natura*, pressupondo uma boa vontade como uma "decisão premeditada" do pensador. Mas a cultura é o movimento de aprender, a aventura do involuntário, encadeando uma sensibilidade, uma memória, depois um pensamento, com todas as violências e crueldades necessárias, dizia Nietzsche, justamente para "adestrar um povo de pensadores", "adestrar o espírito".[10]

Ora, se a aprendizagem é algo que escapa, que foge ao controle, resistir é sempre possível. Desterritorializar os princípios, as normas da educação maior, gerando possibilidades de aprendizado insuspeitadas naquele contexto. Ou, de dentro da máquina opor resistência, quebrar os mecanismos, como ludistas pós-modernos, botando fogo na máquina de controle, criando novas possibilidades. A educação menor age exatamente nessas brechas para, a partir do deserto e da miséria da sala de aula, fazer emergir possibilidades que escapem a qualquer controle.

As táticas de uma educação menor em relação à educação maior são muito parecidas com as táticas de grevistas numa fábrica. Também aqui se trata de impedir a produção; trata-se de impedir que a educação maior, bem-pensada e bem-planejada, se instaure, se torne concreta. Trata-se de opor resistência, trata-se de produzir diferenças. Desterritorializar. Sempre.

A segunda característica é a *ramificação política*. Se toda educação é um ato político, no caso de uma educação menor isso é ainda mais evidente, por tratar-se de um empreendimento de revolta e de resistência. Uma educação menor evidencia a dupla face do agenciamento: agenciamento maquínico de desejo do educador militante e agenciamento coletivo de enunciação, na relação com os estudantes e com o contexto social.[11] Esse duplo agenciamento produz possibilidades, potencializa os efeitos da militância.

A ramificação política da educação menor, ao agir no sentido de desterritorializar as diretrizes políticas da educação maior,

---

[10] Ibidem, p. 270.

[11] Ver o capítulo 9, *O que é um agenciamento?*, de *Kafka*, op. cit. (p. 118-127).

é que abre espaço para que o educador militante possa exercer suas ações, que se circunscrevem num nível micropolítico. A educação menor cria trincheiras a partir das quais se promove uma política do cotidiano, das relações diretas entre os indivíduos, que por sua vez exercem efeitos sobre as macrorrelações sociais. Não se trata, aqui, de buscar as grandes políticas que nortearão os atos cotidianos, mas sim de empenhar-se nos atos cotidianos. Em lugar do grande estrategista, o pequeno "faz-tudo" do dia a dia, cavando seus buracos, minando os espaços, oferecendo resistências.

A educação menor é rizomática, segmentada, fragmentária, não está preocupada com a instauração de nenhuma falsa totalidade. Não interessa à educação menor criar modelos, propor caminhos, impor soluções. Não se trata de buscar a complexidade de uma suposta unidade perdida. Não se trata de buscar a integração dos saberes. Importa fazer rizoma. Viabilizar conexões e conexões; conexões sempre novas. Fazer rizoma com os alunos, viabilizar rizomas entre os alunos, fazer rizomas com projetos de outros professores. Manter os projetos abertos: "um rizoma não começa nem conclui, ele se encontra sempre no meio, entre as coisas, inter-ser, *intermezzo*."[12]

Fazer a educação menor como máquina de guerra, não como aparelho de Estado.

Por fim, a terceira característica é o *valor coletivo*. Na educação menor todo ato adquire um valor coletivo. O educador militante, ao escolher sua atuação na escola, estará escolhendo para si e para todos aqueles com os quais irá trabalhar. Na educação menor, não há a possibilidade de atos solitários, isolados; toda ação implicará muitos indivíduos. Toda singularização será, ao mesmo tempo, singularização coletiva.

A educação menor é um exercício de produção de multiplicidades. No prefácio à edição italiana de *Mille Plateaux*, Deleuze e Guattari escreveram o seguinte:

---

[12] DELEUZE, Gilles e GUATTARI, Félix. *Mil Platôs 1*. São Paulo: Ed. 34, 1995, p. 37.

> [...] As multiplicidades são a própria realidade, e não supõem nenhuma unidade, não entram em nenhuma totalidade e tampouco remetem a um sujeito. As subjetivações, as totalizações, as unificações são, ao contrário, processos que se produzem e aparecem nas multiplicidades. Os princípios característicos das multiplicidades concernem a seus elementos, que são *singularidades*; a suas relações, que são *devires*; a seus acontecimentos, que são *hecceidades* (quer dizer, individuações sem sujeito); a seus espaços-tempos, que são espaços e tempos *livres*; a seu modelo de realização, que é o *rizoma* (por oposição ao modelo da árvore); a seu plano de composição, que constitui *platôs* (zonas de intensidade contínua); aos vetores que as atravessam, e que constituem *territórios* e graus de *desterritorialização*.[13]

A educação menor é uma aposta nas multiplicidades, que rizomaticamente se conectam e interconectam, gerando novas multiplicidades. Assim, todo ato singular se coletiviza e todo ato coletivo se singulariza. Num rizoma, as *singularidades* desenvolvem *devires* que implicam *hecceidades*. Não há sujeitos, não há objetos, não há ações centradas em um ou outro; há projetos, acontecimentos, individuações sem sujeito. Todo projeto é coletivo. Todo valor é coletivo. Todo fracasso também.

Ao assumir a militância numa educação menor, o faço em nome de um projeto coletivo, de um projeto que não tem sujeito, de um projeto que não tem fim (tanto no sentido teleológico quanto no sentido escatológico).

Não tenhamos, porém, a inocência de pensar que o ativismo militante de uma educação menor está alheio a riscos; já concluindo sua obra sobre Kafka, Deleuze e Guattari apontam para os perigos de qualquer luta minoritária:

> Que a justiça imanente, a linha contínua, as pontas ou singularidades sejam bem ativas e criadoras, isso se compreende conforme a maneira como elas se agenciam e, por sua vez, formam máquina. É sempre nas condições coletivas, mas de minoria, nas condições de literatura e de política 'menores', mesmo que cada um de nós tenha de descobrir em si mesmo sua minoria íntima, seu deserto íntimo (levando em conta perigos da luta

---

[13] Ibidem, p. 8.

minoritária: reterritorializar-se, refazer fotos, refazer o poder e a lei, refazer também a "grande literatura".[14]

Também no âmbito de uma educação menor corremos o risco da reterritorialização, da reconstrução da educação maior. Os atos militantes podem ser cooptados, reinseridos no contexto da máquina de controle, perdendo seu potencial libertário. Ou, na perspectiva de fazer-se máquina, resultante dos agenciamentos, a educação menor pode despotencializar-se, ao permitir que se torne nova máquina de controle. A permanência do potencial de uma educação menor, a manutenção de seu caráter minoritário está relacionada com sua capacidade de não se render aos mecanismos de controle; é necessário, uma vez mais, resistir. Resistir à cooptação, resistir a ser incorporado; manter acesa a chama da revolta, manter em dia o orgulho da minoridade[15], manter-se na miséria e no deserto. Educação menor como *máquina de resistência*.

Educar com a fúria e a alegria de um cão que cava seu buraco. Educar escavando o presente, militando na miséria do mundo, de dentro de nosso próprio deserto. Esse é um dos resultados possíveis de nosso encontro com a filosofia de Deleuze; essa é uma das possibilidades de um devir-Deleuze na educação.

Deslocamento 3.
Rizoma e Educação

No ensino contemporâneo, sofremos da excessiva compartimentalização do saber. A organização curricular das disciplinas as coloca como realidades estanques, sem interconexão alguma,

---

[14] DELEUZE, Gilles e GUATTARI, Félix. *Kafka*, op. cit., p. 125.

[15] Impossível não lembrar aqui do filme *Minority Report*, de Spielberg, baseado num belo conto de Philip Dick. Num mundo onde os crimes são previstos por paranormais, o futuro é um fluxo predeterminado. Mas nem tão predeterminado assim: há sempre um "relatório da minoria" que mostra um outro fluxo, uma outra possibilidade. A educação menor consiste exatamente em apostar nesses "relatórios de minoria", apostar na possibilidade da diferença.

dificultando para os alunos a compreensão do conhecimento como um todo integrado, a construção de uma cosmovisão abrangente que lhes permita uma percepção totalizante da realidade.

Uma das tentativas de superação dessa fragmentação tem sido a proposta de se pensar uma educação interdisciplinar, isto é, uma forma de se organizar os currículos escolares de modo a possibilitar uma integração entre as disciplinas, permitindo a construção daquela compreensão mais abrangente do saber historicamente produzido pela humanidade.

As propostas interdisciplinares, porém, têm apresentado limites muito estreitos, pois esbarram em problemas básicos como, por exemplo, a formação estanque dos próprios professores, que precisam vencer barreiras conceituais para compreender a relação de sua especialidade com as demais áreas do saber. Penso que para além de estritamente pedagógico, o problema da disciplinarização é epistemológico. Precisamos compreender os processos históricos e sociais de produção de saberes, para podermos compreender as possibilidades de organização e produção desses saberes na escola, ou mesmo no contexto educacional mais amplo. Aqui, Deleuze nos motiva o pensamento com o conceito de rizoma, criado com Guattari no final dos anos 1970.

Mas antes de podermos chegar ao rizoma e às suas implicações para a educação, façamos um breve intercurso para compreender melhor a questão.

Em seu afã de conhecer o mundo, o homem produz *tecnologias de conhecimento*, isto é, aparatos, mecanismos, que permitam que se examinem os aspectos da realidade que se deseje transformar em objeto de estudo. Sem tais tecnologias, não seria possível o conhecimento ou, pelo menos, seu desenvolvimento dar-se-ia de forma muito mais lenta. Tais tecnologias são produzidas historicamente, de acordo com as possibilidades e problemas de cada momento. Por outro lado, o uso de tais tecnologias influi sobre o saber que se produz, definindo-o num campo próprio a tal tecnologia, do qual nem sempre é possível escapar.

Numa obra intitulada *As tecnologias da inteligência*,[16] Pierre Lévy delimita os "três tempos do espírito", os três grandes momentos da história do conhecimento humano marcados por suas tecnologias específicas: o *polo da oralidade primária*, característico do momento civilizatório em que a humanidade ainda não dominava as tecnologias da escrita e o conhecimento era transmitido por meio da palavra, momento este dominado por um conhecimento que costumamos chamar de *mitológico*; o *polo da escrita*, com todo o impacto que essa tecnologia gerou sobre o saber humano, resultando na constituição da Filosofia e da(s) Ciência(s); e, por fim, o *polo mediático-informático*, no qual estamos adentrando a partir da segunda metade do século XX e que já nos permite vislumbrar assombrosas possibilidades para o conhecimento, dadas a variedade e a velocidade que possibilita.

Cada um desses três polos apresenta características próprias e diferentes impactos sobre o conhecimento, sobre as tecnologias que utiliza e sobre os saberes que pode desencadear. Limitando-nos aos aspectos que dizem respeito a nosso tema, podemos afirmar que a *oralidade* engendra um saber do tipo *narrativo*, baseado na *ritualidade*; a *escrita*, por sua vez, apresenta um saber *teórico* baseado na *interpretação*, enquanto que a *informática* possibilita um saber *operacional* baseado na *simulação* (por meio de modelos ou previsões).[17]

O saber baseado na tecnologia da escrita – praticamente todo o saber da história da humanidade – é marcado, assim, pelo viés teórico da *interpretação da realidade*, fundando uma noção de *verdade* que diz respeito à adequação da ideia à coisa mesma que a interpreta. A própria noção que temos do conhecimento hoje, e de sua forma de construção, está marcada, assim, pela tecnologia da escrita e pelas consequências daí advindas.

Na atividade de interpretação da realidade, o ser humano construiu todo o arcabouço de conhecimento de que dispomos.

---

[16] LÉVY, Pierre. *As tecnologias da inteligência:* o futuro do pensamento na era da informática. Rio de Janeiro: Ed. 34, 1993.

[17] Cf. LÉVY, Pierre, op. cit., quadro recapitulativo à página 127.

Inicialmente circunscrito ao campo da Filosofia, tal saber cresceu tanto a ponto de começar a *ramificar-se*, dando origem a novos campos e áreas do conhecimento. Essa *especialização* deu-se por meio de uma *disciplinarização*, ou seja, da delimitação de campos específicos para cada forma de se abordar um determinado aspecto da realidade, cada um deles constituindo-se numa *disciplina* específica e independente.

A metáfora tradicional da estrutura do conhecimento é a *arbórea*: ele é tomado como uma grande árvore, cujas extensas raízes devem estar fincadas em solo firme (as premissas verdadeiras), com um tronco sólido que se ramifica em galhos e mais galhos, estendendo-se assim pelos mais diversos aspectos da realidade. Embora seja uma metáfora botânica, o paradigma arborescente representa uma *concepção mecânica* do conhecimento e da realidade, reproduzindo a fragmentação cartesiana do saber, resultado das concepções científicas modernas.

Vejamos. O tronco da "árvore do saber" seria a própria Filosofia, que originariamente reunia em seu seio a totalidade do conhecimento; com o crescimento progressivo da "árvore", adubada intensamente pela curiosidade e pela sede de saber própria do ser humano, ela começa a desenvolver os galhos das mais diversas "especializações" que, embora mantenham suas estreitas ligações com o tronco – nutrem-se de sua seiva e a ele devolvem a energia conseguida pela fotossíntese das folhas em suas extremidades, num processo de mútua alimentação/fecundação – apontam para as mais diversas direções, não guardando entre si outras ligações que não sejam o tronco comum, que não seja a ligação histórica de sua genealogia. Para ser mais preciso, as ciências relacionam-se todas com seu "tronco comum" – pelo menos no aspecto formal e potencialmente –, embora não consigam, no contexto deste paradigma, relacionar-se entre si.

O paradigma arborescente implica uma hierarquização do saber,[18] como forma de mediatizar e regular o fluxo de informações

---

[18] Lembrar a classificação das ciências positivas de Comte, ou mesmo o "círculo das ciências" de Piaget.

pelos caminhos internos da árvore do conhecimento. Deleuze e Guattari deixaram isso claro, em *Mil Platôs*:

> Os sistemas arborescentes são sistemas hierárquicos que comportam centros de significação e de subjetivação, autômatos centrais, assim como memórias organizadas. Os modelos correspondentes são aqueles em que um elemento não recebe suas informações senão de uma unidade superior, e uma afetação subjetiva, de ligações preestabelecidas. Isso fica claro nos problemas atuais da informática e das máquinas eletrônicas, que conservam ainda o mais velho pensamento, na medida em que confere o poder a uma memória ou a um órgão central.[19]

Mas será, de fato, que o pensamento e o conhecimento seguem a estrutura proposta por um paradigma arborescente? Não será tal paradigma um modelo composto posteriormente e sobreposto ao conhecimento já produzido, como forma de abarcá-lo, *classificá-lo* e, assim, facilitar o acesso a ele e seu domínio, passando mesmo a determinar a estrutura de novos conhecimentos a serem criados? Se assim for, não seria razoável conjeturar que o pensamento procede – ou possa proceder – de outra maneira, menos hierarquizada e mais caótica? Não seria razoável supor-se que o paradigma arborescente seja outro fruto das tecnologias de conhecimento produzidas no contexto do polo da escrita, de que fala Lévy, circunscrevendo o conhecimento produzido neste contexto? Nossos autores apontam com uma possível resposta:

> O pensamento não é arborescente, e o cérebro não é uma matéria enraizada nem ramificada. Aquilo a que chamamos, injustamente, 'dendritos' não asseguram uma conexão dos neurônios num tecido contínuo. A descontinuidade das células, o papel dos axônios, o funcionamento das sinapses, a existência de microfendas sinápticas, o salto de cada mensagem por sobre essas fendas, fazem do cérebro uma multiplicidade que mergulha, em seu plano de consistência, num sistema de incerteza probabilística, *uncertain nervous system*.[20]

---

[19] DELEUZE, Gilles e GUATTARI, Félix. *Capitalisme et Schizophrènie:* mille plateaux. Paris: Minuit, 1980, p. 25.

[20] Ibidem, p. 24.

De fato, numa obra posterior, os autores reafirmaram a intimidade caótica do funcionamento cerebral, cada vez mais posta às claras pela ciência contemporânea:

> Os paradigmas arborizados do cérebro dão lugar a figuras rizomáticas, sistemas, acentrados, redes de autômatos finitos, estados caóides. Sem dúvida, este caos está escondido pelo esforço das facilitações geradoras de opinião, sob a ação dos hábitos ou dos modelos de recognição; mas ele se tornará tanto mais sensível, se considerarmos, ao contrário, processos criadores e as bifurcações que implicam. E a individuação, no estado de coisas cerebral, é tanto mais funcional quanto não tem por variáveis as próprias células, já que essas não deixam de morrer sem renovar-se, fazendo do cérebro um conjunto de pequenos mortos que colocam em nós a morte incessante. Ela apela para um potencial que se atualiza sem dúvida nas ligações determináveis que decorrem das percepções, mas, mais ainda, no livre efeito que varia segundo a criação dos conceitos, das sensações ou das funções mesmas.[21]

De fato, quando ingressamos num novo polo, aquele marcado pelas tecnologias da mídia e da informática, novas perspectivas começam a se apresentar, embora ainda turvadas pelas brumas da anterior.[22] Uma primeira manifestação foi com a *ecologia*, ciência que já não pode ser inserida no contexto da disciplinarização clássica e que rompe com as "gavetas" de vários arquivos, surgindo na intersecção de vários campos, como a Biologia, a Geografia, a Ciência Política, a Sociologia e mesmo a Filosofia. Parece-me que, para pensar essa nova realidade, é necessária a introdução de um outro paradigma de conhecimento, de uma nova imagem do pensamento; em suma, de algo que nos permita, de novo, pensar, para além da fossilização imposta pelo paradigma arbóreo e pela consequente arborização de nosso pensamento.

---

[21] DELEUZE, Gilles e GUATTARI, Félix. *O que é a filosofia?*, op. cit., p. 276-277.

[22] Em seu ensaio, já citado, Pierre Lévy aborda as relações da Filosofia, que surge com a tecnologia da escrita, com o Mito, conhecimento que marca o polo anterior, o da oralidade; os próprios escritos platônicos, nos primórdios da utilização da escrita, recorrem à forma do *diálogo*, isto é, a um traço do polo anterior.

Na introdução à obra *Capitalisme et Schizophrènie: mille plateaux* Deleuze e Guattari apresentam a noção de *rizoma*. Os autores estão tratando da questão do livro e procuram contrapor uma imagem rizomática ao paradigma corrente, que vê o livro como uma raiz: "a árvore é a imagem do mundo ou melhor, a raiz é a imagem da árvore-mundo".[23] A perspectiva arbórea remete à unidade: o livro é resultado de uma *ramificação* que, em última instância, pertence sempre ao mesmo. Usam a metáfora matemática do fractal: aquilo que se assemelha a uma multiplicidade revela-se, ao ser melhor analisado, como o resultado de uma reprodução ao infinito de uma mesma única forma. O rizoma, por outro lado, remete-nos para a multiplicidade.

A metáfora do rizoma subverte a ordem da metáfora arbórea, tomando como imagem aquele tipo de caule radiciforme de alguns vegetais, formado por uma miríade de pequenas raízes emaranhadas em meio a pequenos bulbos armazenatícios, colocando em questão a relação intrínseca entre as várias áreas do saber, representadas cada uma delas pelas inúmeras linhas fibrosas de um rizoma, que se entrelaçam e se engalfinham formando um conjunto complexo no qual os elementos remetem necessariamente uns aos outros e mesmo para fora do próprio conjunto. Diferente da árvore, a imagem do rizoma não se presta nem a uma hierarquização nem a ser tomada como paradigma, pois nunca há *um* rizoma, mas rizomas; na mesma medida em que o paradigma, fechado, paralisa o pensamento, o rizoma, sempre aberto, faz proliferar pensamentos.

O rizoma é regido por seis princípios básicos:[24]

a. *Princípio de conexão*: qualquer ponto de um rizoma pode ser/ estar conectado a qualquer outro; no paradigma arbóreo, as relações entre pontos precisam ser sempre mediatizadas obedecendo a uma determinada hierarquia e seguindo uma "ordem intrínseca".

---

[23] DELEUZE, Gilles e GUATTARI, Félix. *Mille Plateaux*, op. cit., p. 11.
[24] Cf. *Mille Plateaux*, p. 13-21.

b. *Princípio de heterogeneidade*: dado que qualquer conexão é possível, o rizoma rege-se pela heterogeneidade; enquanto que, na árvore, a hierarquia das relações leva a uma homogeneização das mesmas, no rizoma isso não acontece.

c. *Princípio de multiplicidade*: o rizoma é sempre multiplicidade que não pode ser reduzida à unidade; uma árvore é uma multiplicidade de elementos que pode ser "reduzida" ao ser completo e único árvore. O mesmo não acontece com o rizoma, que não possui uma unidade que sirva de pivô para uma objetivação/subjetivação: o rizoma não é sujeito nem objeto, mas múltiplo. *"As multiplicidades são rizomáticas, e denunciam as pseudomultiplicidades arborescentes"*[25].

d. *Princípio de ruptura assignificante*: o rizoma não pressupõe qualquer processo de significação, de hierarquização. Embora seja estratificado por linhas, sendo, assim, territorializado, organizado etc., está sempre sujeito às *linhas de fuga* que apontam para novas e insuspeitas direções. Embora se constitua num *mapa*, como veremos a seguir, o rizoma é sempre um rascunho, um *devir*, uma cartografia a ser traçada sempre e novamente, a cada instante.

e. *Princípio de cartografia*: o rizoma pode ser mapeado, cartografado, e tal cartografia nos mostra que ele possui *entradas múltiplas*; isto é, o rizoma pode ser acessado de infinitos pontos, podendo daí remeter a quaisquer outros pontos em seu território. Já o paradigma arborescente remete ao mesmo porque "toda a lógica da árvore é uma lógica da cópia, da reprodução".[26] O rizoma, porém, enquanto mapa, possui sempre regiões insuspeitas, uma riqueza geográfica pautada numa lógica do devir, da exploração, da descoberta de novas facetas.

---

[25] Ibidem, p. 14.
[26] Ibidem, p. 20.

f. *Princípio de decalcomania*: os mapas podem, no entanto, ser copiados, reproduzidos; colocar uma cópia sobre o mapa nem sempre garante, porém, uma sobreposição perfeita. O inverso é a novidade: colocar o mapa sobre as cópias, os rizomas sobre as árvores, possibilitando o surgimento de novos territórios, novas multiplicidades. A árvore paralisa, copia, torna estático; o rizoma degenera, faz florescer, desmancha, prolifera.

Desta maneira, a adoção de uma nova imagem de pensamento para o saber significa, ao mesmo tempo, uma nova abordagem do próprio conhecimento; para Deleuze e Guattari, o saber passa a ser uma *funcionalidade*:

> O conhecimento não é nem uma forma, nem uma força, mas uma *função*: "eu funciono". O sujeito apresenta-se agora como um "ejecto", porque extrai dos elementos cuja característica principal é a distinção, o discernimento: limites, constantes, variáveis, funções, todos esses functivos ou prospectos que formam os termos da proposição científica.[27]

O rizoma rompe, assim, com a hierarquização – tanto no aspecto do poder e da importância, quanto no aspecto das prioridades na circulação – que é própria do paradigma arbóreo. No rizoma são múltiplas as linhas de fuga e portanto múltiplas as possibilidades de conexões, aproximações, cortes, percepções etc. Ao romper com essa hierarquia estanque, o rizoma pede, porém, uma nova forma de trânsito possível por entre seus inúmeros "devires"; podemos encontrá-la na *transversalidade*.

A noção de transversalidade foi desenvolvida ainda no princípio dos anos sessenta por Félix Guattari, ao tratar das questões ligadas à terapêutica institucional, propondo que ela substituísse a noção de transferência:

> Transversalidade em oposição a:
> - uma verticalidade que encontramos, por exemplo, nas descrições feitas pelo organograma de uma estrutura piramidal (chefes, subchefes etc.);

---

[27] DELEUZE/GUATTARI, 1992, p. 275.

- uma horizontalidade como a que pode se realizar no pátio do hospital, no pavilhão dos agitados, ou, melhor ainda, no dos caducos, isto é, uma certa situação de fato em que as coisas e as pessoas ajeitem-se como podem na situação em que se encontrem.[28]

Podemos, assim, tomar a noção de transversalidade e aplicá-la à imagem rizomática do saber: ela seria a matriz da mobilidade por entre os liames do rizoma, abandonando os verticalismos e horizontalismos que seriam insuficientes para uma abrangência de visão de todo o "horizonte de eventos" possibilitado por um rizoma.

As propostas de interdisciplinaridade postas hoje sobre a mesa apontam, no contexto de uma perspectiva arborescente, para integrações *horizontais* e *verticais* entre as várias ciências; numa perspectiva rizomática, podemos apontar para uma *transversalidade* entre as várias áreas do saber, integrando-as, senão em sua totalidade, pelo menos de forma muito mais abrangente, possibilitando conexões inimagináveis por meio do paradigma arborescente. Assumir a transversalidade é transitar pelo território do saber como as sinapses viajam pelos neurônios, uma viagem aparentemente caótica que constrói seu(s) sentido(s) à medida em que desenvolvemos sua equação fractal.

Nessa perspectiva, podemos afirmar que a proposta interdisciplinar, em todos os seus matizes, aponta para uma tentativa de *globalização*, este cânone do neoliberalismo, remetendo ao Uno, ao Mesmo, tentando costurar o incosturável de uma fragmentação histórica dos saberes. A transversalidade rizomática, por sua vez, aponta para o reconhecimento da pulverização, da multiplicização, para a atenção às diferenças e à diferenciação, construindo possíveis trânsitos pela multiplicidade dos saberes, sem procurar integrá-los artificialmente, mas estabelecendo policompreensões infinitas.

Para a educação, as implicações são profundas. A aplicação do conceito de rizoma na organização curricular da escola

---

[28] GUATTARI, 1985, p. 93-94.

significaria uma revolução no processo educacional, pois substituiria um acesso arquivístico estanque ao conhecimento que poderia, no máximo, ser intensificado pelos trânsitos verticais e horizontais de uma ação interdisciplinar que fosse capaz de vencer todas as resistências, mas sem conseguir vencer, de fato, a compartimentalização, por um acesso transversal que elevaria ao infinito as possibilidades de trânsito por entre os saberes. O acesso transversal significaria o fim da compartimentalização, pois as "gavetas" seriam abertas; reconhecendo a multiplicidade das áreas do conhecimento, trata-se de possibilitar todo e qualquer trânsito por entre elas.

O máximo possível para a educação, no contexto do paradigma arborescente, seria a realização de uma globalização aparente – e falsa! – dos conteúdos curriculares. No contexto rizomático, deixando de lado essa ilusão do Todo, a educação poderia possibilitar a cada aluno um acesso diferenciado às áreas do saber de seu particular interesse. Isso significaria, claro, o desaparecimento da escola como conhecemos, pois se romperia com todas as hierarquizações e disciplinarizações, tanto no aspecto epistemológico quanto no político. Mas possibilitaria a realização de um processo educacional muito mais condizente com as exigências da contemporaneidade.

Como pensar um currículo transversal e rizomático?

Em primeiro lugar, seria necessário deixar de lado qualquer pretensão científica da pedagogia. Como seria possível controlar, prever, quantificar os diferentes cortes transversais no mapa dos saberes? O processo educativo passaria a ser uma *heterogênese*, para utilizar um termo de Deleuze e Guattari, uma produção singular a partir de múltiplos referenciais, da qual não há sequer como vislumbrar, de antemão, o resultado.

Em segundo lugar, seria necessário deixar de lado qualquer pretensão massificante da pedagogia. O processo educativo seria necessariamente singular, voltado para a formação de uma subjetividade autônoma, completamente distinta daquela resultante do processo de subjetivação de massa que hoje vemos como resultante das diferentes pedagogias em exercício.

Em terceiro lugar, seria necessário abandonar a pretensão ao uno, de compreender o real como uma unidade multifacetada, mas ainda assim unidade. A perspectiva interdisciplinar ressente-se de que na disciplinarização cai-se numa fragmentação, e busca recuperar a unidade perdida. Uma educação rizomática, por sua vez, abre-se para a multiplicidade, para uma realidade fragmentada e múltipla, sem a necessidade mítica de recuperar uma ligação, uma unidade perdida. Os campos de saberes são tomados como absolutamente abertos; com horizontes, mas sem fronteiras, permitindo trânsitos inusitados e insuspeitados.

Pensar uma educação e um currículo não disciplinares, articulados em torno de um paradigma transversal e rizomático do conhecimento soa hoje como uma utopia. Nossa escola é de tal maneira disciplinar que nos parece impossível pensar um currículo tão caótico, anárquico e singular. Mas já houve momentos na história da humanidade em que parecia loucura lançar-se aos mares, em busca de terra firme para além do continente europeu, ou então se lançar ao espaço, almejando a Lua e as estrelas...

Deslocamento 4.
Educação e Controle

A educação tem sempre se valido dos *mecanismos de controle*. Se existe uma função manifesta do ensino – a formação/informação do aluno, abrir-lhe acesso ao mundo da cultura sistematizada e formal –, há também funções latentes, como a ideológica – a inserção do aluno no mundo da produção, adaptando-se ao seu lugar na máquina. A educação assume, desta maneira, sua atividade de controle social. E tal controle acontece nas ações mais insuspeitas.

Foucault denunciou os mecanismos mais explícitos da escola, quando traçou em *Vigiar e Punir* os paralelos desta instituição social com a prisão. Mostrou que a estrutura física e arquitetônica da escola está voltada, assim como na prisão, para a vigilância/controle de seus alunos/prisioneiros. São muitos os olhos que sentimos sobre nós, o que introjeta o controle e faz com que nós próprios nos vigiemos. Mas o filósofo francês também apontou outros mecanismos da escola muito menos explícitos, como a *disciplinarização*. Há dúzias de argumentos pedagógicos para explicar a razão de o conhecimento estar dividido em disciplinas: facilita o acesso/compreensão do aluno etc. etc. Mas, por detrás disso, paira o controle: compartimentalizando, fragmentando, é muito mais fácil de controlar o acesso, o domínio que os alunos terão e também de controlar o que eles sabem. Lembremos do sábio conselho do general romano: "dividir para governar".

Outro aspecto desse termo ambíguo não por acaso, a disciplinarização, diz respeito mais diretamente à questão do poder. A escola é o lugar da disciplina, de seu aprendizado e de seu exercício. Não vai longe o tempo em que os alunos faziam, nos pátios das escolas públicas, antes de entrar em aula, exercícios de ordem unida, como recrutas num quartel, e acredito que em alguns lugares isso ainda seja prática comum. A disposição de carteiras numa sala de aula, por outro lado, visa também à disciplinarização dos alunos e uma melhor possibilidade de controle por parte do professor, que domina geopoliticamente a classe, percebendo seu mapa geográfico e podendo armar uma estratégia/tática de aula. Mesmo no caso das pedagogias novas, que rompem com o tradicional enfileiramento das carteiras, permanece uma forma implícita de o general dispor seu exército no campo de batalha da sala de aula. Em outras palavras, a sala nunca é um caos, com os alunos ocupando o espaço desordenadamente, mas há sempre uma ordem implícita que, se visa a possibilitar a ação pedagógica, traz também consigo a marca do exercício do poder, que deve ser sofrido e introjetado pelos alunos.

Um terceiro e último aspecto é o que deve nos interessar mais de perto. Para disciplinarizar e controlar, a escola faz uso do mecanismo da *avaliação*, também recoberto de mil argumentos didático-pedagógicos, mas outra marca indelével do poder e do controle. Ora, dirão alguns, como educar se não tivermos um *feedback* dos alunos, só possível através dos mais diversos mecanismos de avaliação, para reorganizarmos continuamente o processo pedagógico? E terão toda a razão. Mas, por outro lado, também não podemos deixar de reconhecer que a única forma que a burocracia escolar encontrou ao longo dos séculos para materializar os resultados de tais avaliações foi a sua quantificação em termos de *notas* e, mais tarde, de *conceitos* – que, no fundo, nada mudam, mas continuam classificando e quantificando. Se deixarmos de lado o caráter desprezível dessa quantificação em nome de sua absoluta necessidade, não podemos negar que ela acaba servindo como instrumento de poder. O professor é aquele que tem o poder de dar a nota e, assim, aprovar ou reprovar o aluno.

Já no início século XX, os pedagogos anarquistas rejeitavam a realização de provas, exames e a atribuição de notas aos alunos, denunciando o caráter eminentemente político e dominador dessa empreitada.[29] É exatamente essa questão que está por trás da resistência dos professores em aceitar abdicar de seu poder de avaliar. Avaliar é decidir. Decidir é dominar. Dominar é ter poder. Não temos um salário digno, perdemos nosso *status* e o que nos resta e ao que nos agarramos com firmeza é o nosso poder de decidirmos sobre a vida dos alunos e, assim, dominá-los. Não importa se minha aula é chatíssima, se o conteúdo que "ensino" não é nem um pouco significativo. Como vou dar uma nota ao aluno, aprovando-o ou reprovando-o, ele é obrigado a assistir à aula. Como se assistir a toda e qualquer aula fosse o critério absoluto para uma educação de qualidade...

Mas me parece que é justamente aí que nos enganamos; quando pensamos que somos "senhores da escola", que estamos sendo sujeitos do processo, estamos em verdade sujeitados. Penso que estamos por demais acomodados com o fato de que algo que é ensinado é aprendido. Mas isso não necessariamente acontece.

---

[29] Um bom exemplo é o caso de Francesc Ferrer i Guàrdia, criador da *Escuela Moderna de Barcelona* em 1906, que influenciou a criação de dezenas de escolas operárias no Brasil nas três primeiras décadas do século XX. Para o leitor interessado em conhecer mais a respeito das experiências anarquistas em educação, sugiro a leitura de GALLO, Sílvio. *Pedagogia do Risco*. Campinas: Papirus, 1995.

A pedagogia inclusive cunhou a expressão "ensino-aprendizagem", buscando denotar a via de mão dupla na qual deve se constituir esse processo, mas a expressão (como tantas outras) caiu num modismo maneiro e penso que já não significa grande coisa.

Devemos desconfiar da certeza fácil de que aquilo que é ensinado é aprendido. Ou de que aquilo que é transmitido é assimilado. Já nos tempos bíblicos se falava que as sementes podem ou não germinar, dependendo do solo em que caem; pois bem: ensinar é como lançar sementes, que não sabemos se germinarão ou não; já aprender é incorporar a semente, fazê-la germinar, crescer e frutificar, produzindo o novo.

Disso podemos concluir que não necessariamente o que é ensinado é aprendido. A aprendizagem é um processo sobre o qual não se pode exercer absoluto controle. Podemos planejar, podemos executar tudo de acordo com o planejado, tomando todos os cuidados imagináveis; mas sempre algo poderá fugir do controle, escapar por entre as bordas, trazendo à luz um resultado insuspeitado, inimaginável. Aí se encontra, em minha maneira de ver, a beleza do processo educativo: agimos, sem nunca saber qual será o resultado de nossas ações. Uma aula pode "funcionar" muito bem em nossas cabeças, mas produzir situações e resultados completamente distintos nos alunos. Ou mesmo até produzir os resultados esperados, mas quem sabe meses ou até anos depois.

Lançamos nossas sementes, sem saber se darão origem a flores ou a monstros, ou mesmo a coisa alguma...

Essa "dose de incerteza" presente no processo educativo, que é a grande pedra no caminho de uma pedagogia moderna que se quis fazer ciência, foi bem-identificada por Deleuze, ainda em final dos anos 60, na obra *Diferença e repetição*; tomo a liberdade de pedir ao leitor que reveja a citação de dois trechos desta obra que já fiz anteriormente, ao tratar da possibilidade de uma educação menor (Deslocamento 2. Educação Menor).

Pode até haver métodos para ensinar (eles pelo menos servem para tranquilizar as consciências perturbadas dos professores), mas não há métodos para aprender. O método é uma máquina de controle, mas a aprendizagem está para além de qualquer controle; a aprendizagem escapa, sempre. O aprendizado não pode ser circunscrito nos limites de uma aula, da audição de uma conferência, da leitura de um livro; ele ultrapassa todas essas fronteiras, rasga os mapas e pode instaurar múltiplas possibilidades.[30]

Mas reafirmo que a questão é polêmica; e é fato que a escola sempre tenta impor mecanismos de controle e mesmo de sobrecontrole. E justamente aqui quero introduzir um quarto e último *deslocamento conceitual* para, com Deleuze e a partir de Deleuze, pensarmos questões contemporâneas da educação. Num artigo pequeno e brilhante[31], Gilles Deleuze afirma que estamos transitando das *sociedades disciplinares* analisadas por Foucault – que deram origem à prisão e à escola como conhecemos hoje – para as *sociedades de controle*, que certamente engendrarão novas instituições, assim como provocarão agudas transformações nas que conhecemos.

O próprio Foucault já havia colocado a questão em seus cursos no Collège de France de meados dos anos 1970, sobretudo naquele de 1975-1976, intitulado *Precisamos Defender a Sociedade*,[32] e nos três seguintes, no qual o filósofo explora a emergência de um novo tipo de poder social, um poder sobre a vida, sobre a população, ao qual ele deu o nome de *biopoder*. Diferentemente do poder disciplinar, que constituiu instituições para agir sobre os indivíduos, em especial sobre os corpos dos indivíduos, essa nova modalidade

---

[30] Curioso que, enquanto escrevo, tenho à minha frente um cartão de final de ano do Sindicato dos Professores que traz estampado um provérbio chinês: o aprendizado é como o horizonte: não há limites. Como provérbio, podemos entender o que desejarmos, mas me parece que o apelo do ilimitado para a aprendizagem é bastante claro.

[31] Post Scriptum sobre as sociedades de controle. In: *Conversações*, publicado pela Editora 34.

[32] Este curso está publicado em português: FOUCAULT, Michel. *Em Defesa da Sociedade*. São Paulo: Martins Fontes, 1999. Enquanto não temos a publicação completa de todos os cursos, podemos ter uma visão geral por meio dos resumos que o filósofo preparava para o anuário do Collège de France e que foram agrupados em um único livro: FOUCAULT, Michel. *Resumo dos Cursos de Collège de France (1970-1982)*. Rio de Janeiro: Jorge Zahar, 1997.

de poder estende seus tentáculos sobre as populações, sobre os grandes grupos sociais. Mas Foucault não chegou a examinar mais detidamente as características das sociedades contemporâneas, onde esse tipo de poder tende a ser hegemônico, assim como fez com as sociedades disciplinares. Deleuze entra na esteira de Foucault, para, no pequeno artigo publicado na revista L'Autre Journal, falar em *sociedades de controle* e esboçar seus princípios gerais. Mas tampouco Deleuze levaria suas análises adiante; ficaram apenas as interessantes pistas lançadas por esse artigo. Mais recentemente uma análise da geopolítica contemporânea, tomando como instrumentos os conceitos de biopoder e de sociedade de controle, foi empreendida por Antonio Negri e Michael Hart, na obra *Império*, levando adiante as pistas deixadas por Foucault e por Deleuze.[33]

Para efeito desse nosso deslocamento, fiquemos porém com as pistas lançadas por Deleuze, para verificarmos suas implicações para a educação. Sigamos seu raciocínio:

> Foucault situou as *sociedades disciplinares* nos séculos XVIII e XIX; atingem seu apogeu no início do século XX. Elas procedem à organização dos grandes meios de confinamento. O indivíduo não cessa de passar de um espaço fechado a outro, cada um com suas leis: primeiro a família, depois a escola ("você não está mais na sua família"), depois a caserna ("você não está mais na escola"), depois a fábrica, de vez em quando o hospital, eventualmente a prisão, que é o meio de confinamento por excelência [...] Mas o que Foucault também sabia era a brevidade deste modelo: ele sucedia as *sociedades de soberania* cujo objetivo e funções eram completamente diferentes (açambarcar, mais do que organizar a produção, decidir sobre a morte, mais do que gerir a vida); a transição foi feita progressivamente, e Napoleão parece ter operado a grande conversão de uma sociedade à outra. Mas as disciplinas também conheceriam uma crise, em favor das novas forças que se instalavam lentamente e que se precipitariam depois da Segunda Guerra Mundial: sociedades disciplinares é o que já não éramos mais, o que deixávamos de ser.[34]

---

[33] NEGRI, Antonio e HARDT, Michael. *Império*. Rio de Janeiro: Record, 2001.

[34] DELEUZE, Gilles. *Post-Scriptum* sobre as sociedades de controle. In: *Conversações*, op. cit., p. 219-220.

Após essa delimitação histórica do problema, Deleuze nomeia essas novas formações sociais que estão, cada dia mais, gerindo nossas vidas, chamando atenção para o fato de que, na mesma medida em que os instrumentos de dominação são outros, precisamos também buscar, criar armas alternativas de libertação:

> São as *sociedades de controle* que estão substituindo as sociedades disciplinares. "Controle" é o nome que Burroughs propõe para designar o novo monstro, e que Foucault reconhece como nosso futuro próximo. Paul Virilio também analisa sem parar as formas ultrarrápidas de controle ao ar livre, que substituem as antigas disciplinas que operavam na duração de um sistema fechado. Não cabe invocar produções farmacêuticas extraordinárias, formações nucleares, manipulações genéticas, ainda que elas sejam destinadas a intervir no novo processo. Não se deve perguntar qual é o regime mais duro, ou o mais tolerável, pois é em cada um deles que se enfrentam as liberações e as sujeições. Por exemplo, na crise do hospital como meio de confinamento, a setorização, os hospitais-dia, o atendimento em domicílio puderam marcar de início novas liberdades, mas também passaram a integrar mecanismos de controle que rivalizam com os mais duros confinamentos. Não cabe temer ou esperar, mas buscar novas armas.[35]

Deleuze se põe então a examinar a lógica de funcionamento das sociedades de controle, sempre comparando-as com as sociedades disciplinares, examinando que deslocamentos colocam em fluxo essas novas sociedades. Toma a metáfora da toupeira, criada por Marx em *O Dezoito Brumário de Luis Bonaparte*, para explicar a inter-relação intrínseca entre as diferentes crises econômicas, para afirmar que, no caso das sociedades de controle a imagem da serpente, com seus vários segmentos e seu corpo ondulante, sempre visível, como sendo mais apropriada para as novas formações sociais. Mostra que, progressivamente, o eixo econômico desloca-se da produção para a circulação, para os serviços; nas palavras de Deleuze, a empresa (sistema aberto) substitui a fábrica (sistema fechado). Na mesma medida, a escola, instituição disci-

---

[35] Ibidem, p. 220.

plinar e, portanto, sistema fechado, de confinamento, vai sendo paulatinamente substituída pelos empreendimentos de formação permanente, abertos, que transcendem a escola como instância formadora, da mesma forma que o controle contínuo vem para substituir o exame, esse ícone das instituições disciplinares.

Demonstra ainda o filósofo que a característica básica dessas sociedades é dar a ilusão de uma maior *autonomia* mas, mesmo por isso, serem muito mais totalitárias que as anteriores. Por exemplo, hoje não preciso ir à agência bancária, pois controlo minha conta corrente por telefone, por fax ou pelo microcomputador, via Internet; pareço, por isso, ter uma autonomia muito maior. Porém, a facilidade do acesso informatizado permite aos governos – e mesmo aos próprios bancos – que eu seja vigiado muito mais de perto e, o que é pior, na maioria das vezes sem nem ao menos suspeitar disso! Na medida em que o controle escapa das instituições e é feito fora delas, ele se torna mais tênue, mais fluido, mas mesmo por isso mais poderoso, uma vez que se infiltra melhor e mais sorrateiramente por todas as frestas.

A tônica, nas sociedades de controle, parece ser mesmo a dos processos contínuos; nada nunca termina, mas os fluxos vão se somando uns aos outros:

> Nas sociedades de disciplina não se parava de recomeçar (da escola à caserna, da caserna à fábrica), enquanto nas sociedades de controle nunca se termina nada, a empresa, a formação, o serviço sendo os estados metaestáveis e coexistentes de uma mesma modulação, como que de um deformador universal. Kafka, que já se instalava no cruzamento dos dois tipos de sociedade, descreveu em *O processo* as formas jurídicas mais temíveis: a *quitação aparente* das sociedades disciplinares (entre dois confinamentos), a *moratória ilimitada* das sociedades de controle (em variação contínua) são dois modos de vida jurídicos muito diferentes, e se nosso direito, ele mesmo em crise, hesita entre ambos, é porque saímos de um para entrar no outro.[36]

É claro que a escola, em particular, e os processos educacionais, em geral, não ficam de fora nessa nova onda social. Após

---

[36] Ibidem, p. 221-222.

analisar a produção histórica das sociedades de controle e sua lógica interna de funcionamento, Deleuze passa a examinar qual seria seu *programa*, isso é, os indícios que vamos vivendo, experimentando, sofrendo da sua consolidação. Aponta rapidamente algumas transformações pelas quais devem passar e já estão passando as principais instituições disciplinares, como as prisões, os hospitais, as empresas, as escolas. Fiquemos aqui apenas com as transformações apontadas para as instituições escolares:

> No *regime das escolas*: as formas de controle contínuo, avaliação contínua, e a ação da formação permanente sobre a escola, o abandono correspondente de qualquer pesquisa na Universidade, a introdução da "empresa" em todos os níveis da escolaridade.[37]

E, numa entrevista concedida a Antonio Negri para a revista *Futur Antérieur*, na mesma época da publicação do artigo já citado, Deleuze explicitaria também a tecnificação da escola nas sociedades de controle, com uma relação cada vez maior com as empresas:

> O que está sendo implantado, às cegas, são novos tipos de sanções, de educação, de tratamento. Os hospitais abertos, o atendimento em domicílio etc., já surgiram há muito tempo. Pode-se prever que a educação será cada vez menos um meio fechado, distinto do meio profissional – um outro meio fechado –, mas que os dois desaparecerão em favor de uma terrível formação permanente, de um controle contínuo se exercendo sobre o operário-aluno ou o executivo-universitário. Tentam nos fazer acreditar numa reforma da escola, quando se trata de uma liquidação.[38]

Notaram algo similar aos processos a que temos assistido na educação brasileira, sobretudo nos últimos dez ou 15 anos? Não, não é mera coincidência. As reformas propostas pelos governos estaduais e pelo federal não são movidas apenas por um desejo e uma necessidade de uma *educação de qualidade*; ou, dito de outra maneira, o paradigma de *qualidade* assumido por eles é o da *qualidade total*, este totem do neoliberalismo que insiste em

---

[37] Ibidem, p. 225.
[38] DELEUZE, Gilles. *Controle e devir*. In: *Conversações*, op. cit., p. 216.

instaurar uma nova ordem mundial, sob seu absoluto e *transparente* controle. É assim que se propõe a avaliação contínua, a formação permanente, a parceria com as empresas e esses mecanismos para *melhorar* a qualificação do operariado brasileiro, a diminuição dos índices de reprovação e evasão escolar. É preciso que se mostre ao mundo que o Brasil é um país capacitado, apto a andar de mãos dadas com a modernidade! Mesmo que a modernidade signifique mais controle e uma subserviência ainda maior...

Sim, este discurso precisa ser denunciado e criticado. Mas simplesmente não podemos fazê-lo com as armas velhas! Não podemos apontar uma adaga para combater um míssil com ogiva nuclear! Se quisermos fazer uma oposição séria e consequente ao discurso oficial, continuando na luta por um sistema de ensino sério, competente e verdadeiramente de qualidade, devemos buscar uma nova tática, que implica também que assumamos nossos erros.

Na entrevista a Antonio Negri em 1990, já citada, Deleuze afirmou que:

> Acreditar no mundo é o que mais nos falta; nós perdemos completamente o mundo, nos desapossaram dele. Acreditar no mundo significa principalmente suscitar acontecimentos, mesmo pequenos, que escapem ao controle, ou engendrar novos espaços-tempos, mesmo de superfície ou volume reduzidos [...] É ao nível de cada tentativa que se avaliam a capacidade de resistência ou, ao contrário, a submissão a um controle.[39]

O que nós, educadores, podemos fazer para acreditar no mundo? Que acontecimentos podemos suscitar, que linhas de fuga aos mecanismos de controle podemos pôr em marcha?

Devemos, penso, começar por abdicar do discurso do poder. Não podemos defender a rigidez do sistema de notas/avaliação que culmina na reprovação, pois subjaz a ele nosso sádico desejo de poder despótico, que é o mesmo que move as ações oficiais. Se a tônica do momento é a avaliação contínua, o acompanhamento do aluno sem sua reprovação por entre as séries (a progressão

---

[39] Ibidem, p. 218.

continuada), podemos fazer dessa ação pedagógica uma ação verdadeiramente educativa, contribuindo de fato para com a formação dos seres humanos que se encontram quotidianamente conosco em nossas salas de aula. Mas simplesmente não podemos agir da mesma forma como agíamos anteriormente: é obvio que assim as coisas não vão funcionar. Negar o passado não é a melhor forma de encarar o futuro, mas agarrar-se a ele tampouco possibilita um presente satisfatório. As maiores batalhas foram vencidas pelos exércitos que souberam aproveitar-se das armas do inimigo, voltando-as contra ele próprio. Penso que esse deva ser nosso caminho. Assumindo com humildade nossos erros históricos e a disposição de superá-los, podermos contribuir, de fato, para a produção social da resistência aos mecanismos de controle que, cada vez mais, estarão sobre nossas cabeças.

Mas o problema é: queremos opor resistência? Não estamos, educadores em geral, embarcando muito facilmente nos discursos macropolíticos, nos mecanismos da educação maior, que alardeiam a todos os ventos os tempos da avaliação permanente e da formação continuada? Não temos sido, nós mesmos, os vetores da consolidação das sociedades de controle no âmbito da educação? São questões que um devir-Deleuze na educação nos coloca, de forma a fazer proliferar o pensamento, e não a paralisá-lo.

BIBLIOGRAFIA

Os livros de Deleuze, em suas publicações originais francesas, assim como nas traduções disponíveis em português, já foram citados no início deste livro. Indico a seguir uma série de obras sobre o pensamento e a produção de Deleuze, sozinho ou em parceria com Guattari, que podem interessar ao leitor brasileiro.

ALLIEZ, Eric (Org.). *Gilles Deleuze:* uma vida filosófica. São Paulo: Ed. 34, 2000.

ALLIEZ, Eric. *A assinatura do mundo* – o que é a filosofia de Deleuze e Guattari?. Rio de Janeiro: Ed. 34, 1995.

ALLIEZ, Eric. *Da impossibilidade da fenomenologia* – sobre a filosofia francesa contemporânea. São Paulo: Ed. 34, 1996.

ALLIEZ, Eric. *Deleuze* – filosofia virtual. São Paulo: Ed. 34, 1996.

ALMEIDA, Júlia. *Estudos deleuzeanos da linguagem.* Campinas: Unicamp, 2003.

BADIOU, Alain. *Deleuze* – o clamor do ser. Rio de Janeiro: Jorge Zahar, 1997.

BOGUE, Ronald. *Deleuze and Guattari.* 2ª reimp., London, New York: Routledge, 1993.

BOUNDAS, Constantin V. & OLKOWSKI, Dorothea (eds.). *Gilles Deleuze and the theater of philosophy.* London, New York: Routledge, 1994.

CRAIA, Eládio C. P. *A problemática ontológica em Deleuze.* Cascavel: EDUNIOESTE, 2002.

DIAS, Souza. *Lógica do acontecimento* – Deleuze e a Filosofia. Porto: Afrontamento, 1995.

Educação e Realidade v. 27, n. 2 – dossiê Gilles Deleuze. Porto Alegre: FACED/UFRGS, jul./dez. de 2002.

GUALANDI, Alberto. *Deleuze.* São Paulo: Estação Liberdade, 2003 (Coleção Figuras do Saber).

HARDT, Michael. *Gilles Deleuze* – um aprendizado em filosofia. São Paulo: Ed. 34, 1996.

LINS, Daniel (org.). *Nietzsche e Deleuze* – pensamento nômade. Rio de Janeiro: Relume-Dumará, 2001.

LINS, Daniel; COSTA, Sylvio de Souza Gadelha; VERAS, Alexandre (Orgs.). *Nietzsche e Deleuze* – intensidade e paixão. Rio de Janeiro: Relume-Dumará, 2000.

LINS, Daniel; GADELHA, Sylvio (Orgs.). *Nietzsche e Deleuze* – que pode o corpo. Rio de Janeiro: Relume-Dumará, 2002.

MACHADO, Roberto. *Deleuze e a Filosofia.* Rio de Janeiro: Graal, 1990.

MANGUEIRA, Maurício. *Microfísica das criações parciais* – pensamento, subjetividade e prática a partir de Nietzsche e Deleuze. São Cristóvão: UFS, 2001.

PEARSON, Keith Ansell (ed.). *Deleuze and Philosophy:* the diference engineer. London, New York: Routledge, 1997.

PELBART, Peter Pál. *O tempo não-reconciliado* – imagens de tempo em Deleuze. São Paulo: Perspectiva, 1998.

PETERS, Michael. *Pós-Estruturalismo e Filosofia da Diferença – uma introdução.* Belo Horizonte: Autêntica, 2000.

Philosophie n. 47 – Gilles Deleuze. Paris: Les Éditions de Minuit, 1er septembre 1995.

RAGO, Margareth; ORLANDI, Luiz B. L.; VEIGA-NETO, Alfredo (Orgs.). *Imagens de Foucault e Deleuze* – ressonâncias nietzschianas. Rio de Janeiro: DP&A, 2002.

SCHÉRER, René. *Regards sur Deleuze.* Paris: Kimé, 1998.

ZOURABICHVILI, François. *Deleuze:* une philosophie de l'événement. 2. ed. Paris: PUF, 1996.

SITES DE INTERESSE

O número de referências a Gilles Deleuze na Internet é imenso; curiosamente, porém, o número de bons sites dedicados a sua obra ainda não é tão grande. A maioria deles está em francês ou inglês. Em português, destaque apenas para o *site* de Tomaz Tadeu, da UFRGS, bastante interessante e rico em material. Apresento a seguir os principais *sites* sobre Deleuze, com um breve comentário.

www.webdeleuze.com – *site* oficial, com informações, fotos, textos de entrevistas e de cursos de Deleuze, vários deles traduzidos para o espanhol e o inglês, além do original em francês.

www.ufrgs.br/faced/tomaz – *site* de Tomaz Tadeu, intitulado *A Máquina da Diferença – um experimento deleuziano*. Dentre uma série de outras coisas interessantes, contém uma transcrição para o português das entrevistas do *Abecedário*.

http://cs.art.rmit.edu.au/deleuzeguattarionary/ – *site* que se propõe fazer, em inglês, um dicionário dos termos e conceitos usados por Deleuze e Guattari.

http://perso.wanadoo.fr/minerva/Biblio_Deleuze/Gilles_Deleuze.htm – site francês que traz uma relação de toda a bibliografia de Deleuze: seus livros, os artigos publicados, os prefácios e posfácios, estudos sobre Deleuze, artigos e revistas consagrados a Deleuze.

www.uta.edu/english/apt/d&g/d&gweb.html – site em inglês intitulado *Deleuze & Guattari on the web*, que traz links para sites e textos de Deleuze, de Guattari e de Deleuze & Guattari. A maioria dos links está em inglês.

http://lists.village.virginia.edu/~spoons/d-g_html/d-g.html – *Deleuze e Guattari Internet resources* – *site* em inglês que traz *links* para páginas sobre Deleuze e Guattari. Um bom ponto de partida para pesquisas. A maioria dos *links* também está em inglês ou francês.

O AUTOR

Sílvio Gallo nasceu em Campinas, interior de São Paulo, em 1963. Fez seus estudos básicos em escola pública do bairro e depois um curso técnico em Química em escola técnica federal. Ingressou no Curso de Licenciatura em Filosofia da Pontifícia Universidade Católica de Campinas em 1983, tendo concluído a graduação em 1986. Durante a graduação, ocupou-se em estudar a filosofia francesa contemporânea, notadamente Sartre, Foucault e Deleuze e Guattari, paralelamente à filosofia política anarquista. Entre 1987 e 1993 fez suas pesquisas de mestrado e doutorado junto à Faculdade de Educação da Unicamp, na área de Filosofia da Educação, estudando as concepções filosófico-políticas dos projetos anarquistas de educação (no mestrado) e fazendo uma leitura contemporânea da filosofia da educação a partir dos conceitos anarquistas (no doutorado).

Entre 1990 e 2004, foi professor da Universidade Metodista de Piracicaba, junto ao Curso de Licenciatura em Filosofia. Nesta instituição exerceu vários cargos: Chefia do Departamento de Filosofia; Coordenação do Curso de Licenciatura em Filosofia; Direção da Faculdade de Filosofia, História e Letras. Lecionou Antropologia Filosófica, Filosofia Política e Didática Especial para o Ensino da Filosofia, além de desenvolver, junto ao Grupo de Estudos sobre Ensino de Filosofia (GESEF), duas linhas de pesquisa: uma sobre o ensino de filosofia como criação de conceitos, numa perspectiva deleuzo-guattariana; outra, sobre a dimensão antropológica na obra de Sartre.

Em 1995, foi aprovado em concurso público na Faculdade de Educação da Unicamp, tendo sido contratado no primeiro semestre de 1996 junto ao Departamento de Filosofia e História da Educação. Nessa instituição, leciona na graduação (Pedagogia e Licenciaturas) e na pós-graduação, além de desenvolver pesquisa centrada na filosofia francesa contemporânea (com ênfase em Foucault, Deleuze e Guattari) e suas interfaces com o campo educacional. É pesquisador do CNPq e coordena, na FE-Unicamp, o D/S Grupo de Estudos e Pesquisas Diferenças e Subjetividades em Educação.

Além de dezenas de artigos em revistas especializadas em Filosofia e em Educação no Brasil e no exterior e de diversos capítulos de livros em obras coletivas, é autor dos seguintes livros: *Pedagogia do Risco – experiências anarquistas em educação* (Campinas: Papirus, 1995); *Educação Anarquista – um paradigma para hoje* (Piracicaba: Unimep, 1995); *Ética e Cidadania: caminhos da filosofia*, no qual coordenou a construção de uma obra coletiva do GESEF (Campinas: Papirus, 1997; 15. ed. 2007); *Anarquismo: uma introdução filosófica e política* (Rio de Janeiro: Achiamé, 2000, 2. ed. em 2006); *Filosofia no Ensino Médio*, organizador, juntamente com Walter Omar Kohan (Petrópolis: Vozes, 2000, 3. ed. em 2001); *Filosofia do Ensino de Filosofia*, organizador, juntamente com Márcio Danelon e Gabriele Cornelli (Petrópolis: Vozes, 2003). *Ensino de Filosofia: teoria e prática*, organizador, juntamente com Márcio Danelon e Gabriele Cornelli (Ijuí: Ed. Unijuí, 2004); *A Formação de Professores na Sociedade do Conhecimento*, organizador, juntamente com Cléia Maria L. Rivero (Bauru: EDUSC, 2004); *Educação do Preconceito: ensaios sobre poder e resistência*, organizador, juntamente com Regina Maria de Souza (Campinas: Ed. Alínea, 2004); *Pedagogia Libertária: anarquistas, anarquismos e educação* (São Paulo: Imaginário/Manaus: EDUA, 2007).

Este livro foi composto com tipografia Garamond, e impresso em papel Off set 75 g. na Formato Artes Gráficas.